Fortsetzung auf der 3. Umschlagseite.

Sammlung

Aufserdeutscher Strafgesetzbücher.

Herausgegeben von den Schriftleitungen

der

Zeitschrift für die gesamte Strafrechtswissenschaft

und der

Mitteilungen der Internationalen Kriminalistischen Vereinigung.

XLI.

Ungarisches Jugendgerichtsgesetz vom Jahre 1913.

BERLIN 1913.

J. Guttentag, Verlagsbuchhandlung,

G. m. b. H.

Ungarisches Jugendgerichtsgesetz

vom Jahre 1913.

Mit einem Vorwort

von

Privatdozent **Dr. R. Vambéry,**
Kgl. ung. Staatsanwalt in Budapest.

BERLIN 1913.
J. Guttentag, Verlagsbuchhandlung,
G. m. b. H.

Vorwort.

Kriegsrufe können auch im wissenschaftlichen Kampfe gute Dienste leisten, doch sollte man sich stets ihres Gedankeninhaltes bewußt bleiben. Leider ist dies nicht immer der Fall. Es läßt sich kaum leugnen, daß die Erbitterung des strafrechtlichen Schulenstreites zum Teile durch die Ungeklärtheit des Vergeltungs- und des Zweckgedankens hervorgerufen wurde[1]). Es haben sich die Gegner optima fide Forderungen unterschoben, welche die andere Partei gar nicht gestellt hat, es werden Folgesätze bekämpft, die sich nur aus verkannten Obersätzen ergeben. An einem ähnlichen Fehler krankt das Schlagwort der Jugendgerichtsbewegung. Sie segelt eigentlich am ganzen Kontinent unter einer falschen Flagge, indem sie begrifflich die Sonderung und eigenartige Ausgestaltung der Gerichtsverfassung und des Verfahrens als Ziel dahinstellt, wiewohl es sich eigentlich in erster Reihe um zweckmäßigere Regeln des materiellen Rechts handelt, das für die Beurteilung der Verbrechen Jugendlicher und für die Behandlung der nichtkriminellen, doch sittlich gefährdeten Jugend maßgebend ist. Dies erhellt insbesondere aus den radikalen legislatorischen Schöpfungen der Bewegung: aus dem belgischen Kinderschutzgesetze des vergangenen Jahres, aus dem vor kurzem erschienenen Entwurfe eines italienischen Kindergesetzbuches[2]), wie auch aus der ersten Frage, die dem I. Internationalen Jugendgerichtstage vorlag und unter dem bescheidenen Titel „sentences les plus conformes à l'esprit du Tribunal pour enfants" eigentlich die auf dem Gebiete des materiellen Rechts nötigen Reformen barg. Aber auch das vorsichtige französische Gesetz betreffend die Jugendgerichte und die Schutzaufsicht konnte nicht umhin, die materiellen Rechtsnormen zu ändern, die sich allerdings teilweise (§§ 21, 26) recht ängstlich dem bestehenden Rechte angliedern, und selbst der noch vorsichtigere deutsche Entwurf greift in das materielle Strafrecht ein[3]). Es hat den Anschein, als wäre die Reform des materiellen Rechts, die durchwegs zu einer erzieherischen Behandlung der straffälligen und sittlich gefährdeten Jugend führt, eine Frucht der Jugendgerichtsbewegung. Eine völlig irrtümliche Annahme. Vor mehr als zwanzig Jahren hatte bereits v. Liszt

[1]) Diesbezüglich treffend neuerdings R. Schmidt: Die Strafrechtsreform usw. 1912 (Krit. Beitr. XV), vgl. aber Liepmann in der Einleitung zu Merkels Lehre von Verbrechen und Strafe. 1912.

[2]) Vgl. Casabianca: Le projet italien du code de l'enfance. Révue Pénitentiaire. Märzheft 1913.

[3]) Vgl. Oetker, Der Gerichtssaal S. LXXX, 3.

in seinen Kriminalpolitischen Aufgaben auf die Notwendigkeit einer durchgreifenden Umgestaltung des Jugendstrafrechts hingewiesen und die Ausdehnung der Zwangserziehung auf verwahrloste Kinder befürwortet. Vom Beginne ihres Bestehens, vom ersten Brüsseler Kongresse angefangen, hat die IKV. sowie insbesondere die deutsche Landesgruppe die Frage der jugendlichen Rechtsbrecher und ihrer strafrechtlichen Behandlung aufgerollt, und schon lange bevor man in Illinois den Begriff der Children Courts geprägt hatte, waren sich die fortschrittlicheren Kriminalisten darüber einig, daß das Jugendstrafrecht den geeignetsten Angriffspunkt zur erfolgreichen Bekämpfung des Vergeltungstrafrechts darbiete. Nur befangenen Fanatikern der klassischen Richtung, wie sie sich etwa unter Mitarbeitern der Kritischen Beiträge finden, konnte die Jugendgerichtsbewegung bezüglich der materiellen Normen des Jugendstrafrechts etwas Neues bringen.

Getragen durch die Gedankenströmung der IKV., allerdings auch unter dem Einflusse des niederländischen Gesetzes vom Jahre 1901 und der amerikanischen Einrichtungen, hat in Ungarn dank der Anregung des damaligen Professors und gegenwärtigen Justizministers v. Balogh die Strafgesetznovelle vom Jahre 1908 auf dem Gebiete des Jugendstrafrechts den Sieg des Präventivgedankens durchwegs gesichert. Wenn das Gesetz auch zwischen strafrechtlich verantwortlichen und mangels sittlicher und geistiger Reife unverantwortlichen Jugendlichen unterscheidet und wenn sich zwischen den Maßregeln, die gegen die erstere Gruppe zulässig sind, auch die Gefängnisstrafe findet, so ist das lediglich ein Zugeständnis in der Form, wodurch jedoch der leitende Gedanke keinen Abbruch erleidet. Denn die Maßnahmen, die sowohl auf strafrechtlich verantwortliche, wie auf strafrechtlich unverantwortliche Jugendliche angewendet werden können, sind erzieherischer Natur, ja selbst die erwähnte Gefängnisstrafe ist bloß eine strengere Art der Zwangserziehung. Nicht die im Gesetz für das Verbrechen angedrohte Strafe, sondern die Eigenart des Jugendlichen, seine zukünftige sittliche Entwicklung sind für die Auswahl der entsprechenden Maßregel, und sollte die Gefängnisstrafe gewählt werden, auch für die Bemessung letzterer entscheidend. Diese Verquickung der sichernden Maßnahmen und der Strafen, eigentlich richtiger diese Absorption der Strafe durch die sichernden Maßnahmen, ist das kennzeichnende Moment des ungarischen Jugendstrafrechts[1]). Folgerichtig kommt hierdurch dem Verbrechen bloß eine symptomatische Bedeutung zu und sinngemäß sind gegen sittlich gefährdete Kinder und Jugendliche erzieherische Maßnahmen auch dann anzuwenden, wenn ihnen kein Verbrechen zur Last gelegt werden kann.

---

[1]) Den Text der Strafgesetznovelle siehe Sammlung außerdeutscher Strafgesetze XXX, Berlin (Guttentag) 1910, S. 22 ff.; ferner v. Balogh: Mitteilungen der IKV. XVI, 402; Heller: Zeitschr. f. d. ges. Strafwissenschaft XXXI, 616.

Angesichts dieser Regeln des materiellen Rechts war das Endziel der Jugendgerichtsbewegung in Ungarn bereits erreicht. Es galt nun, ein Gericht und ein Verfahren zu schaffen, das die Erfüllung der neuen Aufgaben, die richtige Anwendung des neuen Rechts ermöglicht. Ob eine Tat begangen wurde, wie die der Schuld angemessene Strafe zu bemessen sei, das sind gewiß Fragen, deren Beantwortung ein anderes Verfahren erheischt, als das zur Feststellung der sittlichen Verwahrlosung und zur zweckgemäßen erzieherischen Behandlung eines Kindes oder Jugendlichen erforderlich ist. Wenn die nordamerikanischen Juvenile Courts und gewissermaßen auch das belgische Jugendgericht in ihrem freien pädagogischen Vorgehen nur durch wenige Regeln gebunden sind, so ist das leicht erklärlich, denn auch das materielle Recht, das sie anwenden, ist dem Strafgesetzbuche völlig fremd. Diesen unähnlich wurde aber die ungarische Strafgesetznovelle dem StGB. angegliedert, folglich konnte auch die Organisation des Jugendgerichts und das Strafverfahren von der StPO. nicht vollständig losgelöst werden. Anderseits ergab sich aus der praktischen Anwendung der Strafgesetznovelle seit ihrem in 1910 erfolgten Inkrafttreten die Erfahrung, daß ohne durchgreifende Abweichungen von der StPO. ein zweckdienlicher Aufbau der Gerichtsverfassung und des Verfahrens, der dem Geiste des materiellen Rechts entsprechen soll, nicht gut möglich sei. Zwar hatte die Vollzugsverordnung der Strafgesetznovelle, ja bereits früher ein Ministerialerlaß vom Jahre 1908 die Sonderung der Verhandlungen in Strafsachen Jugendlicher verfügt, Jugendrichter bzw. Jugendsenate eingesetzt usw., doch der zweckgemäßen Regelung des Verfahrens stand die StPO. als unüberwindliches Hindernis entgegen. Schon die Verschiedenheit der durch die Schwere der Tat bedingten sachlichen Zuständigkeit der Gerichte erschien widersinnig angesichts der Gleichheit der Maßnahmen, die ohne Rücksicht auf das Verbrechen getroffen werden konnten. Noch weniger entsprach die Anklageform des Verfahrens, das Prinzip der Legalität und der Öffentlichkeit, die Gliederung des Prozesses, die Förmlichkeit der Hauptverhandlung, das verwickelte Rechtsmittelsystem, kurz all das Beiwerk, das im modernen Strafprozesse zur größtmöglichen Wahrung der persönlichen Freiheit zweifellos wichtig erscheint, doch im Verfahren gegen Jugendliche schon an und für sich das erzieherische Endziel des Verfahrens gefährdet. So war uns denn die allerdings schwierige Aufgabe gestellt, ein Verfahren zu schaffen, das mit Rücksicht auf den Mischcharakter des materiellen Rechts ein Mittelding zwischen Straf- und Vormundschaftsverfahren darstellt und dabei sich den Formen des ersteren soweit als möglich anpaßt, ohne die inhaltlichen Vorzüge des letzteren aufzuopfern.

Bei der Vorbereitung des Entwurfes, die unter Leitung des Staatssekretärs v. Töry und des Ministerialrates v. Szászy der legislativen Abteilung[1]) des Justizministeriums oblag, wurde zwar

[1]) Es waren an der Ausarbeitung der Rechtsakademieprofessor v. Bernolák, der Hilfssekretär v. Horváth und Schreiber dieser Zeilen beteiligt.

das ausländische Material der Jugendgerichtsgesetzgebung — die Gesetze der Einzelstaaten Nordamerikas, Englands, Frankreichs, Belgiens, die Entwürfe Italiens, Deutschlands und Österreichs[1]) — in vollem Maße zu Rate gezogen, doch konnte sich der ungarische Entwurf aus den bereits erwähnten Gründen keinem der fremden Vorbilder enger anschließen. Einzelne Bestimmungen, die heute bereits als Gemeinplätze des Jugendgerichtsverfahrens gelten, wie etwa die örtliche Absonderung der Hauptverhandlung, Ausschluß der Öffentlichkeit, Vermeidung der Untersuchungshaft, sind allerdings den übereinstimmenden Sätzen des ausländischen Rechts nachgebildet, doch im Ausbau des Jugendgerichtes, in der Gliederung und in den Regeln des Verfahrens war das ungarische Gesetz gezwungen, seinen eigenen Weg zu gehen. Dabei galt als oberster Grundsatz, daß das Verfahren nur als Mittel zur Verwirklichung des materiellen Rechts dient und daß es sich daher in erster Reihe darum handelt, den Bestimmungen der Strafgesetznovelle praktischen Erfolg zu sichern.

So war denn die Nachahmung des amerikanischen Jugendgerichtes vorweg ausgeschlossen. Man kann die amerikanischen Jugendrichter als Verwaltungsbeamte auffassen, die im Kinderschutze tätig sind, man kann sie als Behörden betrachten, die eine sittliche Sanitätspolizei ausüben, oder für Schulmeister halten, die von Staats wegen erzieherisch wirksam sind, doch Gerichte im europäischen Sinne des Wortes sind die Children Courts gewiß nicht. Und es ist nur logisch, wenn sie Strafgerichtsbarkeit bloß in negativer Richtung besitzen, indem sie den einer strafbaren Handlung beschuldigten Jugendlichen der Gerichtsbarkeit der ordentlichen Gerichte durch Anwendung einer erzieherischen Maßregel entziehen können. Überdies ist die Machtvollkommenheit des amerikanischen Jugendrichters, die an die magistratische Coercition Roms erinnert, im europäischen Milieu undenkbar. Nur der Grundgedanke der überseeischen Einrichtung, wie ihn der bekannte Jugendrichter Lindsey gefaßt hat, daß, wenn ein Junge ein Fahrrad entwendet, nicht das Schicksal des Rades, sondern das Schicksal des Jugendlichen für die Gesellschaft von Bedeutung sei, konnte im ungarischen Gesetze sinngemäße Verwertung finden.

Mehr Ähnlichkeit weist das ungarische Gesetz mit dem zweiten Kapitel des belgischen Jugendschutzgesetzes[2]) auf; aber auch von diesem unterscheidet es sich in zwei wichtigen Punkten. Erstens hat das belgische Gesetz die Straf- und Vormundschaftssachen der

---

1) Sämtliche erschienen in der Sammelarbeit des Verfassers: A fiatalkoruak bünvádi eljárására vonatkozó törvények Budapest 1912 und auch die Motive des ung. Entwurfes (S. 32—74) enthielten eine ausführliche Erörterung des ausländischen Rechts.

2) Vgl. den Text des Gesetzes in der Sammlung außerdeutscher Strafgesetze XXXVII, übersetzt vom Staatsanwalt Dr. Rosenfeld. Dazu den Kommentar Ch. Collard's (La protection de l'enfance 1913) und die Materialiensammlung von J. Maus: Commentaire législatif de la loi sur la protection de l'enfance, Brüssel 1912.

verbrecherischen oder bloß sittlich gefährdeten Jugendlichen ohne Ausnahme dem juge des enfants zugewiesen, zweitens stehen die übrigens recht dürftigen Regeln des Verfahrens (§§ 27—37) mit der Strafprozeßordnung in keinem Zusammenhange. In beiden Richtungen nimmt das ungarische Gesetz (§§ 8 und 56) den entgegengesetzten Standpunkt ein. Auch an den italienischen Entwurf finden sich Anklänge; doch das patriarchalische Verfahren des letzteren, das mit Ausschluß der Anklage und der Verteidigung in Sachen Jugendlicher unter 14 Jahren ohne Ausnahme und auch in Strafsachen der 14- bis 16jährigen Beschuldigten Anwendung findet, falls der Jugendrichter selbst die Sache nicht an die ordentlichen Gerichte abgibt, konnte im ungarischen Gesetze kaum Nachahmung finden. Schon durch den Umstand, daß die ungarische Strafgesetznovelle das jugendliche Alter vom zwölften bis zum vollendeten achtzehnten Lebensjahre erstreckt, war eine derartige gekünstelte Dreiteilung der Gerichtsbarkeit vorweg ausgeschlossen. Ganz unberücksichtigt mußte das französische Gesetz bleiben, das Jugendgerichte (Beschlußkammer der Zivilgerichte) nur in Strafsachen Jugendlicher unter 13 Jahren zuläßt und bezüglich der jugendlichen Rechtsbrecher im höheren Alter nur einzelne Sonderbestimmungen feststellt. Wenn auch ein eigener Jugendsenat entscheiden soll, so ist die Spezialisierung desselben nur mangelhaft, da seinen Mitgliedern auch die Teilnahme an den Sitzungen anderer Senate gestattet ist. Überdies kommt die Sache vor das ordentliche Gericht, wenn an derselben, wie dies ja häufig der Fall ist, auch erwachsene Angeschuldigte beteiligt sind.

Was nun endlich den deutschen und den österreichischen Entwurf betrifft, so stand einer Anlehnung schon der Grundgedanke dieser Entwürfe im Wege. Indem der deutsche Entwurf die Erhebung der öffentlichen Klage einschränkt und die Einstellung des Verfahrens behufs Anwendung von Erziehungs- und Besserungsmaßregeln ermöglicht (§ 3), aber die Verhängung letzterer der Vormundschaftsbehörde überträgt, betrat er einen Weg, dem das ungarische Gesetz so wenig folgen konnte, als der Vereinigung der Straf- und Vormundschaftsgerichte, wie sie sich in den österreichischen Entwürfen findet. Vor allem muß daran erinnert werden, daß in der ungarischen Strafgesetznovelle auch für die Gefängnis- und Staatsgefängnisstrafe der erzieherische Charakter im Vordergrund steht, also eine klipp und klare Scheidung der erziehenden Maßnahmen und der Strafen nicht möglich ist, folglich auch die Kompetenz nach der Art der Rechtsfolgen nicht getrennt werden kann. Dazu gesellt sich noch ein besonderer Umstand. In Ungarn sind die Vormundschaftsbehörden Organe der autonomen Verwaltung. Die mit der Erledigung der Vormundschaftssachen betrauten Waisenämter haben nun mit der ehrwürdigen Tradition, die ihnen anhaftet, auch eine Schwerfälligkeit aus vergangenen Zeiten bewahrt, und wären somit kaum geeignet, die Verfügung mit der Eile zu treffen, die zur Bekämpfung oder Vorbeugung der sittlichen Gefahr vonnöten ist. Wäre also auch im Widerspruche zum Geiste der Strafgesetznovelle eine reinliche Scheidung der Strafen und Sicherungsmaßnahmen möglich gewesen, so böte die Betrauuug der Vormundschaftsbehörde mit der Anwendung letzterer viel weniger Sicherheit zur erfolgreichen Bekämpfung der Kriminalität und der Verwahrlosung der Jugendlichen, als das eigens für diese Aufgabe bestellte Jugendgericht.

Es war also eine Tugend aus Not, wenn das ungarische Jugendgerichtsgesetz im Ausbau des Verfahrens seine Originalität bewahrte. Daß der Einzelrichter mit der Lösung der dem Jugendgerichte gestellten Aufgaben betraut wurde (§§ 1—2), bedarf heute kaum mehr einer eingehenden Begründung. Für die psychologische Erkenntnis der persönlichen Eigenart des Jugendlichen bietet das Richterkollegium sicherlich keine Gewähr. Im Vertrauen, das wir dem Einzelrichter entgegenbringen, um dadurch sein Verantwortlichkeitsgefühl zu haben und seinem Gewissen freieren Spielraum zu gewähren, liegt die materielle Sicherheit für die Richtigkeit seines Vorgehens[1]), wogegen das kollegiale Gericht nur eine formelle Garantie zu bieten vermag. Allerdings hatte die Bestellung des Einzelrichters zum Jugendrichter in der Bestimmung seiner sachlichen Zuständigkeit gewisse Beschränkungen zur Folge. Soweit es sich um die der Gerichtsbarkeit der ordentlichen Gerichte unterstehenden Straftaten Jugendlicher unter 15 Jahren handelt, ist die sachliche Zuständigkeit des Jugendrichters (§ 3) eine vollständige. Bloß ein Teil der Übertretungen, die zur Kompetenz der Verwaltungsbehörde als Polizeigericht gehören, entzieht sich seiner Gerichtsbarkeit, wogegen aber Übertretungen — wie Bettel und Landstreicherei —, die für die sittliche Eigenart des Jugendlichen bedeutsam sind, auch dem Wirkungskreise des Jugendrichters zugewiesen wurden. Auch bezüglich der strafbaren Handlungen Jugendlicher über 15 Jahren erleidet die Machtvollkommenheit des Jugendrichters nur insofern eine Einschränkung (§ 56), als es insbesondere zufolge der politischen Bedeutung der Preßdelikte und der maximalen Dauer der Gefängnisstrafe (§ 68) begründet erschien, die im Falle der mit Todes- oder Zuchthausstrafe bedrohten Verbrechen verhängt werden kann. Daß die Verfügung über strafrechtlich unverfolgbare Kinder, über sittlich gefährdete Jugendliche (sechstes Kapitel) dem Jugendrichter zusteht, bedarf wohl keiner Erörterung.

Wenn der Jugendrichter auch als Einzelrichter vorgeht, so sichert ihm das Gesetz doch geistesverwandte Mitarbeiter. Vor allem den Jugendstaatsanwalt (§ 5), den Verteidiger (§ 6) und — last but not least — die Jugendgerichtshilfen (§ 7), die dem Jugendrichter

---

[1]) Treffend bemerkt Prins: „Quand un homme de coeur est seul en face d'un enfant, cet homme sent mieux sa responsabilité vis-à-vis de l'enfant; il comprend mieux son devoir a l'égard du public et de l'enfant et il peut obéir plus librement et plus spontanément aux inspirations de sa conscience." La loi sur la protection de l'enfance. Bruxelles 1912. S. 4.

sowohl in den Vorerhebungen, als auch im Vollzug der Schutzaufsicht (§ 48) und der sonstigen Verfügungen beistehen.

Betreffs der Regelung des Verfahrens war der Gesetzgeber zwar der weisen und geistvollen Worte bewußt, mit welchen sich Professor Prins gegen den Formalismus des Jugendgerichtes verwahrt[1]), immerhin konnte sich das ungarische Gesetz nicht darüber hinwegtäuschen, daß es sich um ein gerichtliches Verfahren handelt, das wenigstens zum Teil Ersatz für das Strafverfahren bieten soll. Wenn auch mit dem Vergeltungsgedanken fortiter in re gebrochen wurde, so sollte es doch suaviter in modo geschehen. Es stehen daher im Hintergrunde des Jugendgerichtsverfahrens stets die Regeln der Strafprozeßordnung (§ 8), und zwar schien der summarische Prozeß vor den Bezirksgerichten (Amtsgerichten) die geeignetste Grundform zu bieten, in der sich das Verfahren des Jugendgerichts abzuspielen vermag. Aber auch die allgemeinen Normen dieser Verfahrungsart bedurften einiger Änderungen. So mußte dem Gerichtsstand der begangenen Tat der Wohnort desjenigen, dem die Pflege des Jugendlichen obliegt, sowie der Aufenthaltsort des Jugendlichen selbst gleichgestellt werden (§ 4), so waren im Gegensatze zur StPO. obligatorische Bestimmungen (§§ 9, 10) für die Trennung und die Vereinigung des Verfahrens vonnöten. Hierdurch erlitt auch der Grundsatz der Unmittelbarkeit Einbuße (§ 11). Die Einschränkung des Prinzips der Öffentlichkeit gilt nicht nur für die Verhandlung (§ 26), aber auch für sämtliche Publikationen, welche die Sache eines Kindes oder eines Jugendlichen betreffen. Ja sogar in den Veröffentlichungen, die behördlich gestattet wurden, darf der Name nicht einmal mit dem Anfangsbuchstaben bezeichnet werden (§ 13).

Während im amtsgerichtlichen Verfahren in der Regel keine Vorerhebungen gepflogen werden, so sind sie dagegen im Verfahren des Jugendrichters unerläßlich. Jede Anzeige gegen einen Jugendlichen ist beim Jugendrichter zu erstatten (§ 14), der auf Antrag des Staatsanwaltes oder des Privatklägers die Vorerhebungen anordnet und selbst leitet, wobei ihm die Gerechtsame eines Untersuchungsrichters zustehen (§ 15). Da es sich außer Klärung des Sachverhaltes darum handelt, die persönlichen Umstände, Familienverhältnisse und das Vorleben des Jugendlichen womöglich eingehend zu erforschen, mußten dem Jugendrichter alle Mittel, die hierfür dienlich sein können, zur Verfügung gestellt werden (§§ 16—18). Daß eben dieser Teil des Verfahrens von entscheidender Bedeutung ist, braucht wohl nicht eigens betont zu werden. Nicht minder wichtiger schien es, daß der Richter schon im Vorverfahren die nötigen Schutzmaßregeln treffen könne (§ 19), deren es bedarf, um

---

[1]) „Le formalisme, d'ailleurs, serait ici un non-sens, car le formalisme est le contraire de la vie, et dans chaque cause vous avez a tenir compte non pas uniquement d'un fait invariable, figé, déjà tombé dans le passé et, par conséquent, en quelque sorte mort, mais, vous voyez, derrière le fait un être vivant, c'est-à-dire qui varie et qui a devant lui un avenir inconnu." a. a. O.

den Jugendlichen einer sittlich gefahrvollen Umgebung zu entziehen und seine entsprechende Pflege zu sichern. Dem Ausschluß der Untersuchungshaft entspricht die Möglichkeit des richterlichen Gewahrsams (§§ 20, 21), für dessen Vollzug die strenge Absonderung des Jugendlichen von Erwachsenen und der Arbeitszwang bedeutsam sind.

Nach Abschluß des Vorverfahrens sind die Akten dem Staatsanwalt mitzuteilen. Doch kann der Erhebung der Anklage oder dem Einstellen des Verfahrens keine allzugroße Bedeutung beigemessen werden, denn einerseits steht dem Staatsanwalt das Recht zu, innerhalb der gesetzlichen Schranken (§ 22) das Opportunitätsprinzip walten zu lassen, anderseits können im Interesse des Jugendlichen die erzieherischen Maßnahmen, mit Ausschluß des Verweises und der Freiheitsstrafe, auch dann angewendet werden, wenn der Staatsanwalt das Verfahren einstellt, oder im Antragsfalle dieser zurückgenommen wurde (§ 23 Abs. 3). Hat jedoch auch der Staatsanwalt die Anklage erhoben, so ist der Jugendrichter trotzdem berechtigt, das Verfahren ohne formelle Verhandlung zu beenden und nach Vernehmung des Jugendlichen im Endbeschlusse Erziehungsmaßregeln zu treffen, wenn er im Interesse der sittlichen und geistigen Entwicklung des Jugendlichen die Feststellung der Schuld und die Anwendung der Maßnahmen mehr strafenden Charakters nicht für wünschenswert hält (§ 23).

Widrigenfalls schreitet der Jugendrichter zur Verhandlung (§ 24). Diese ist selbstverständlich von Verhandlungen Erwachsener gesondert abzuhalten (§ 25) und der Richter kann die Öffentlichkeit derselben nach freiem Ermessen ausschließen (§ 26). Im Mittelpunkte der Verhandlung sowie des ganzen Verfahrens steht die Person des Jugendlichen, so daß die Verhandlung in seiner Abwesenheit auch dann nicht zulässig ist, wenn es nach Bestimmungen der StPO. möglich wäre. Allerdings kann er für einzelne Teile der Verhandlung, die eine sittlich schädigende Wirkung auf ihn ausüben würden, aus dem Verhandlungssaale entfernt werden, doch steht es dem Richter frei, auch den während seiner Abwesenheit aufgenommenen Beweis dem Jugendlichen mitzuteilen, falls das Ziel des Verfahrens oder das Interesse des Jugendlichen die Mitteilung erheischt. Auch der Jugendstaatsanwalt hat als Vertreter nicht nur sowohl der Staatsinteressen, als des Gesellschaftsschutzes an der Verhandlung teilzunehmen (§ 27). Wie sich das Vorverfahren auf die möglichst eingehende Erforschung der persönlichen Verhältnisse des Jugendlichen richtet, so steht auch in der Verhandlung die Feststellung der Umstände in dem Vordergrund, die für Auswahl der entsprechenden Maßnahme Anhaltspunkte bieten. Zu diesem Zwecke kann der Jugendrichter alle Personen — insbesondere aber den Jugendgerichtshilfen — vernehmen, von denen Aufklärung zu erwarten ist (§ 28) und angesichts der Wichtigkeit ihrer Aussagen mußte auch eine der Schranken fallen (§ 29), die dem Zeugniszwange in der StPO. gesetzt ist. Nach Schluß der Beweisaufnahme stellt der Kläger den Antrag und wenn außer dem Staatsanwalt, der hierzu verpflichtet ist, auch der Verteidiger, die Gerichtshilfe, der gesetzliche Vertreter und die Eltern des Jugendlichen sich bezüglich der zu treffenden Verfügung äußern können, so ist der Richter in der Auswahl derselben keineswegs beschränkt (§ 30). Nur für die Form der Entscheidung — ob Urteil oder Bescheid — besteht eine bindende Norm (§ 31), bedingt durch die mehr strafende oder ausschließlich erzieherische Art der getroffenen Maßregel.

Wesentlich vereinfacht wurde das Rechtsmittelsystem. Gegen die — sei es ohne oder nach einer Verhandlung — gefaßten Endbeschlüsse des Jugendrichters steht die Berufung (§ 32) sowohl in der Tatfrage als wegen Verletzung einer wesentlichen Gesetzesbestimmung (§ 34) dem Kläger, dem Jugendlichen und auch wider dessen Willen seinen Angehörigen und seinem Verteidiger zu (§ 33). Doch ist sie auch dadurch beschränkt, indem die Genannten, wenn der Staatsanwalt keine Berufung eingelegt hat, von ihr keinen Gebrauch machen können, falls der Richter auf Fürsorgeerziehung oder auf Freiheitsstrafe erkannt hat (§ 33 Abs. 2). Überdies kommt der Berufung keine aufschiebende Kraft zu, sie hemmt den Vollzug der Verfügung nur nach Gutdünken des Jugendrichters, der sie erließ (§ 32 Abs. 2). In zweiter Instanz entscheidet der Jugendsenat des Gerichtshofes (§ 35) mit oder ohne Verhandlung (§ 37) und kann den Beschluß des Jugendrichters bestätigen, ändern oder aufheben (§ 36). Wenn die Beschlußfassung auch ohne Verhandlung in der Senatssitzung erfolgen kann, so entspricht es doch dem Geiste des Verfahrens, daß der Jugendliche und auch seine Eltern, Pfleger usw. nach Möglichkeit vernommen werden sollen (§ 38). Revision gegen Beschluß des Jugendsenates ist bloß wegen Verletzung einer wesentlichen Rechtsnorm und seitens des Jugendlichen, seines gesetzlichen Vertreters und Verteidigers nur zulässig, wenn das Gericht auf Fürsorgeerziehung oder Freiheitsstrafe erkannt hat (§ 39). Auch bei der königl. Tafel (Oberlandesgericht), an die die Revision geht, wird sie durch ein Jugendsenat (§ 40) erledigt, für dessen Verfahren die Bestimmungen der StPO. bezüglich der Nichtigkeitsbeschwerde analoge Anwendung finden (§ 41). Für beide Rechtsmittelinstanzen gilt ein Verbot der Reformatio in peius, indem auf die Maßregel der Freiheitsstrafe in der höheren Instanz nur erkannt oder die Dauer derselben nur erhöht werden darf, wenn hierfür ein Antrag des Staatsanwaltes vorlag (§ 42). Aber auch die außerordentlichen Rechtsmittel — mit Ausnahme desjenigen zur Wahrung der Rechtseinheit — unterliegen einer entsprechenden Einschränkung.

Wie bereits oben erwähnt wurde, gehen in den Strafsachen Jugendlicher in gewissen Fällen (§ 56) die ordentlichen Gerichte vor. Diese haben zwar die StPO. anzuwenden, aber auch die Bestimmungen des Jugendgerichtsgesetzes finden dabei Beachtung. Nicht nur die allgemeinen Normen des Verfahrens (zweites Kapitel), sondern insbesondere die Bestimmungen, die sich auf die Schutzmaßregeln (§ 19), die Einschränkung des Legalitätsprinzipes (§ 22), die Feststellung der persönlichen Umstände (§§ 28, 29), die Endbeschlüsse (§§ 23, 31) und auch auf die Rechtsmittel beziehen, jedoch ohne Berührung des Instanzenzuges (§ 57). Beachtenswert ist auch, daß bereits die Anklagekammer befugt ist, den Endbeschluß zu fassen, der dem Jugendrichter auch ohne Verhandlung zusteht (§ 61 Abs. 2). Ähnliche Bestimmungen gelten (§ 63) für die Polizeigerichte, soweit sie mit den Übertretungen Jugendlicher befaßt sind.

Außer den Bestimmungen über das Verfahren in den Jugendsachen enthält das Jugendgerichtsgesetz auch Rechtssätze materiellrechtlicher Natur. So hat es insbesondere die Dauer der auf Jugendliche über 15 Jahren anwendbaren Gefängnisstrafe auf 15 Jahre erhöht, wenn das Verbrechen mit dem Tode oder der lebenslänglichen Zuchthausstrafe bedroht ist (§ 68), die Geldstrafe, die durch die Strafgesetznovelle aufgehoben wurde, für die Übertretungen wieder eingeführt, wenn der jugendliche Täter sein 15. Lebensjahr bereits vollendet hat und Vermögen oder Erwerb besitzt. Die Geldstrafe soll jedoch im Nichtzahlungsfalle durch eine andere Maßregel ersetzt werden (§ 69). Es finden sich ferner zur Ergänzung der Strafgesetznovelle Bestimmungen über die Verfolgungs- und Strafverjährung (§§ 71—73). Von besonderer Wichtigkeit ist das letzte Kapitel des Gesetzes, das zur Rettung der nicht straffälligen, doch sittlich gefährdeten Kinder und Jugendlichen dem Jugendrichter die nötigen Verfügungen zu Gebote stellt (§ 66). Allerdings gelten diese Maßnahmen nur bis zum Eingreifen der Vormundschaftsbehörde, doch ist Gefahr im Verzuge, und dies ist bei sittlicher Verwahrlosung gewöhnlich der Fall, so kann die einstweilige Verfügung von größerer Bedeutung sein als die endgültige.

Bloß in großen Umrissen war ich bestrebt, ein Bild des ungarischen Jugendgerichtes und seines Verfahrens zu entwerfen. Die Einzelheiten finden sich in der wortgetreuen Übersetzung des Gesetzes, die Staatsanwalt Dr. Friedmann zu besorgen und Staatssekretär Dr. v. Töry zu überprüfen die Güte hatte. Sicherlich wird das ungarische Gesetz zu einer scharfen Kritik Anlaß bieten, die bereits seinem Entwurfe in heimatlichen Fachkreisen zuteil wurde[1]. Mit Recht wird die konservative Richtung die Machtfülle des Jugendrichters, den inquisitorischen Charakter des Verfahrens, den unzulänglichen Schutz der persönlichen Freiheit bemängeln. Anderseits aber würde ein amerikanischer oder belgischer Jugendrichter gewiß über die Fülle der bindenden Regeln, über das Übermaß der Bestimmungen im allgemeinen Klage erheben, die ein zweckgemäß freies Vorgehen hemmen. Beide Einwände sind nicht unbegründet, sie entstammen beide dem Mischcharakter des Gesetzes, das, wie bereits erwähnt wurde, das vormundschaftliche und Strafverfahren zu verbinden bemüßigt war. Nun konnten die Vorzüge beider Verfahrens-

[1] So insbesondere seitens des Senatspräsidenten der Kurie Dr. Baumgarten, des Professors Dr. Doleschall u. a.

arten kaum ohne die Fehler beider zur Geltung gelangen. Allerdings darf nicht verkannt werden, daß die Vorzüge praktischer Art und die Fehler theoretischer Natur sind. Es unterliegt jedoch keinem Zweifel, daß der praktische Erfolg des Gesetzes zum größten Teil von der richtigen Auswahl und der persönlichen Eignung des Jugendrichters, aber auch von der Ausgestaltung der erzieherischen Mittel abhängt, die ihm zu Gebote stehen.

Wenn die zwingenden Sätze des Strafprozeßrechts eigentlich das Mißtrauen verkörpern, das die Gesellschaft gegen die richterliche Willkür hegt, so ist die Freiheit, die das Jugendgerichtsgesetz dem Jugendrichter gewährt, ein Beweis des Vertrauens, das man ihm entgegenbringt. Es ist eben zu hoffen, daß die mehr als vier Menschenalter, die seit der großen Umwälzung im Strafrechte verflossen sind, in der heutigen Richtergeneration ein Verantwortlichkeitsgefühl gezeitigt haben, das einen Mißbrauch kaum befürchten läßt. Aber auch vom Jugendrichter gilt das Dichterwort:

Man kann in wahrer Freiheit leben
Und doch nicht ungebunden sein.

Nur die Bande des Wissens und des Gewissens vermögen eine Sicherheit für die richtige Handhabung der Macht zu bieten, die dem Jugendrichter erteilt wurde. Man darf sich jedenfalls nicht darüber hinwegtäuschen, daß die rein juristische Ausbildung des Richters für die neue Aufgabe, die ihm durch das Jugendgerichtsgesetz erwächst, nicht hinreichend ist. Justizminister v. Balogh, der den Erfolg des Gesetzes mit allen ihm zu Gebote stehenden Mitteln tatkräftig zu sichern bestrebt ist, hat auch nicht gezögert, die logisch zwingenden Konsequenzen zu ziehen. Bereits im nächsten Mai soll ein vierwöchentlicher Lehrkurs eröffnet werden, dem sämtliche Jugendrichter, Jugendstaatsanwälte und Gerichtshilfen beizuwohnen haben, deren Bestellung in Aussicht genommen ist. Gegenstände des Unterrichts sind außer dem Jugendstrafrecht die Lehre von den Verbrechensursachen (Kriminologie), insbesondere die Ätiologie der Jugendkriminalität, ein Abriß der Psychologie der Jugendlichen, die Darstellung der erzieherischen Maßnahmen, eine Übersicht der Sozialpolitik, die Erläuterung des Fürsorgewesens und des Kinderschutzes; weiter sind Vorträge über Armenwesen, Volksschulsystem, staatliche Kinderasyle, Kinderheime, Vormundschaftswesen, Arbeitsvermittlung usw. geplant. Dem Lehrkurse schließt sich der Besuch der einschlägigen staatlichen und gesellschaftlichen Präventionseinrichtungen an. Nach Schluß des Kurses sollen die Vorträge in Buchform veröffentlicht und jedem Teilnehmer überreicht werden. Als Lehrkräfte sind überwiegend Professoren und Dozenten der Universität ausersehen. Man ist sich klar, daß dieser Kurs bloß den ersten Versuch zur Heranbildung des Gerichtspersonals der Zukunft darstellt. Er gibt aber doch die Richtung an, in der sich die planmäßige Ausbildung zu bewegen haben wird. Gegenwärtig handelt es sich allerdings nur um den Jugendrichter, doch in dem Maße, in dem die Ergebnisse der Kriminalätiologie praktische Verwertung finden, so daß der Strafrichter sich in erster Reihe mit der Persönlichkeit des Verbrechers zu befassen haben wird, muß auch die Erkenntnis zum Siege gelangen, daß der Strafrichter vom Beginne an einer eigenartigen Ausbildung bedarf. Richtig bemerkte Prof. Parmelee[1]), daß „the evolution of the new criminal procedure depends upon the dissemination of a higher sense of justice". Doch unerläßliche Vorbedingung dieses höheren, sozialen Gerechtigkeitsgefühls ist die Kenntnis der Tatsachen, aus denen es erwuchs.

Als der Oberstaatsanwalt Casabianca vor einigen Jahren in der Sitzung der Société Générale des Prisons die Vorzüge des ersten italienischen Jugendgerichtsentwurfes rühmend hervorhob, meinte Prof. Garraud[2]), die Italiener seien ja gewiß Künstler der Gesetzgebung und redigierten sehr schöne Gesetze, doch müßte man den Vollzug abwarten, ehe man ein Urteil über ihren Wert bildet. Gegen einen ähnlichen Einwand, den wir wohl ja auch zu gewärtigen haben, kann sich Ungarn, soweit es die erzieherischen Einrichtungen für die kriminelle und sittlich gefährdete Jugend anbelangt, als gewappnet betrachten. Es wäre hier nicht am Orte, den Ausbau des staatlichen Kinderschutzes zu schildern[3]), doch kann ich nicht umhin, zu bemerken, daß Ungarn bereits fünf staatliche und sieben gesellschaftliche Zwangserziehungsanstalten mit einem Belegraum für etwa 3000 Zöglinge besitzt und der Bau der so wichtigen psychologischen Beobachtungsstation soeben im Gange ist. Für den Vollzug der Gefängnisstrafe Jugendlicher, die nach Grundsätzen des Borstal Systems zu erfolgen hat, stehen zurzeit dreizehn eigens hierfür bestimmte Gefängnisse mit einem Fassungsraum für 1229 Jugendliche zur Verfügung. Und auch die Organisation der Fürsorgevereine, deren Mitarbeit dem Jugendrichter in der Vorbereitung und in der Vollstreckung seiner Verfügung unerläßlich ist, ist in den letzten Jahren in einem höchst erfreulichen Aufschwung begriffen. So stehen denn staatliche wie gesellschaftliche Kräfte in vollem Maße bereit. Sache der Jugendrichter wird es sein, dieselben nach Möglichkeit zu verwerten. Es ist ein großer Gedanke, der Gedanke der sittlichen Rettung zukünftiger Generationen, der sich im neuen Gesetze verkörpert hat. Große Gedanken werden bekanntlich von Kopf und Herz zugleich geboren, aber es gehören auch Männer von Kopf und Herz dazu, sie in Taten umzusetzen.

---

[1]) The principles of anthropology and criminology in their relations to the criminal procedure. New York 1908. 410.

[2]) Révue Pénitentiaire 1910. 875.

[3]) Vgl. Szilágyi: Moderner Kinderschutz in Ungarn. Wien 1908. v. Bosnyák-Edelsheim-Gyulai: Le droit de l'enfant abandonné et le système hongrois de protection de l'enfance. Budapest 1909.

VII. Gesetzartikel vom Jahre 1913 über die Jugendgerichte.

(Sanktioniert am 31. März 1913. Kundgemacht im Országos Törvénytár am 12. April 1913.)*)

Erstes Kapitel.

Das Jugendgericht.

§ 1. Bei jedem kgl. Gerichtshofe mit strafgerichtlichem Wirkungskreise ist ein Jugendgericht zu errichten.

Dem Justizminister steht das Recht zu, auch bei einzelnen außerhalb des Amtssitzes von kgl. Gerichtshöfen befindlichen kgl. Bezirksgerichten Jugendgerichte zu errichten, wo dies wegen der erheblicheren Anzahl jugendlicher Beschuldigten oder aus andern wichtigen Gründen notwendig erscheint. — Die Gerichtsbarkeit des beim kgl. Bezirksgerichte errichteten Jugendgerichtes erstreckt sich auf den Bezirk des betreffenden Bezirksgerichtes. Der Justizminister kann jedoch die Gerichtsbarkeit dieses Gerichtes auch auf den Bezirk eines benachbarten Bezirksgerichtes oder mehrerer benachbarten Bezirksgerichte erstrecken, die zu dem Sprengel desselben kgl. Gerichtshofes gehören.

Die Gerichtsbarkeit des bei dem kgl. Gerichtshofe gebildeten Jugendgerichtes erstreckt sich auf den ganzen Sprengel des kgl. Gerichtshofes, mit Ausnahme des Bezirkes, für den auf Grund des vorigen Absatzes ein eigenes Jugendgericht errichtet wurde.

Das Jugendgericht geht sowohl beim kgl. Gerichtshofe, wie auch beim kgl. Bezirksgerichte mit gleichem Wirkungskreise als Einzelgericht vor.

Das Jugendgericht faßt seine Beschlüsse je nach der Zugehörigkeit mit der Bezeichnung kgl. Gerichtshof oder kgl. Bezirksgericht „als Jugendgericht".

§ 2. Für jedes Jugendgericht bestellt der Justizminister je einen Richter (Jugendrichter) aus der Reihe der Richter des Gerichtes, bei

---

*) Die Übersetzung der Gesetzesstellen, auf die im Texte Bezug genommen wurde, befindet sich in den Anmerkungen, die nach Schlufs des Textes folgen. Auf die Übersetzung des ungarischen Strafgesetzbuches, der Strafgesetznovelle (beide in der Sammlung aufserdeutscher Strafgesetze No. XXX) und der Strafprozefsordnung (daselbst No. XIII) wird hier ein für allemal verwiesen.

dem das Jugendgericht errichtet wurde. Die Bestellung erfolgt auf drei Jahre, kann aber wiederholt werden. Wo es die größere Anzahl der Angelegenheiten erfordert, können mehrere Richter bestellt werden.

Für den Fall der Behinderung des Jugendrichters wird sein Stellvertreter durch den Leiter des Gerichtes, bei welchem das Jugendgericht errichtet wurde, bestellt. Unumgänglich dringende Amtshandlungen können in unvermeidlich nötigem Falle auch von einem andern Mitgliede des ordentlichen Gerichtes vorgenommen werden.

§ 3. In den Wirkungskreis des Jugendgerichts gehören mit den im § 56 bestimmten Ausnahmen:

1. Strafsachen Jugendlicher (§§ 16, 17 des Gesetzartikels XXXVI vom Jahre 1908 = Strafgesetznovelle), die eine strafbare Handlung begangen haben, welches laut §§ 15—18 des Gesetzartikels XXXIV vom Jahre 1897[1]) in den Wirkungskreis der kgl. Gerichte gehört;

2. jene Übertretungssachen Jugendlicher, die gegen die §§ 62, 63, 66—68 und 70[2]) des Strafgesetzbuches betreffend die Übertretungen verstoßen;

3. jene Übertretungssachen Jugendlicher, die laut § 63 von dem Polizeistrafgericht dem Jugendgerichte übergeben werden;

4. jene Übertretungen der Eltern, Vormünder, Pfleger und Aufseher, die laut §§ 64 und 66[3]) des Strafgesetzbuches betreffend die Übertretungen strafbar sind, sowie auch Vergehen und Übertretungen, welche sie gegen die Person der unter ihrer Pflege oder Aufsicht stehenden Kinder und Jugendlichen begangen haben; Vergehen jedoch nur, insoweit als diese den Wirkungskreis des Bezirksgerichtes nicht überschreiten.

Die Jugendrichter treffen in der Regel auch die nötigen Verfügungen im Interesse der Kinder (§ 15 der Strafgesetznovelle), die vor Vollendung ihres zwölften Lebensjahres eine Handlung begangen haben, die gegen eine strafrechtliche Rechtsnorm verstoßt; die Jugendrichter können auch in dringenden Fällen Schutz- und Vorbeugungsmaßnahmen im Interesse sonstiger Minderjähriger ergreifen, wenn diese in ihrer Umgebung der Gefahr des sittlichen Verderbens ausgesetzt oder im Begriff sind, sittlich zu verkommen und ihr achtzehntes Lebensjahr noch nicht vollendet haben (sechstes Kapitel).

Jene Rechtsnormen, welche einen außerordentlichen oder ausschließlichen Wirkungskreis für einzelne kgl. Gerichtshöfe und Schwurgerichte bestimmen (§ 15 letzter Absatz, § 17 vorletzter und letzter Absatz des Gesetzartikels XXXIV vom Jahre 1897)[4]), sind für den Wirkungskreis der Jugendgerichte nicht maßgebend.

§ 4. Der Gerichtsstand des Jugendgerichtes ist durch den Ort der begangenen Handlung, den Wohnsitz oder gewöhnlichen Aufenthaltsort des gesetzlichen Vertreters oder Pflegers des Jugendlichen oder durch den Ort begründet, an dem sich der Jugendliche aufhält.

Unter mehreren, gleich zuständigen Gerichten ist das Zuvorkommen entscheidend; dieses Gericht kann jedoch auf Antrag des Staatsanwaltes die Sache einem andern zuständigen Gerichte übertragen, wenn das Interesse des Jugendlichen oder des Verfahrens die Übertragung erfordert.

§ 5. Bei jedem Jugendgerichte bestellt der Leiter der Staatsanwaltschaft zur Vertretung der öffentlichen Anklage ein Mitglied der Staatsanwaltschaft (Jugendstaatsanwalt).

Für das bei dem kgl. Bezirksgerichte errichtete Jugendgericht kann ausnahmsweise, wenn dies durch die Umstände begründet ist, auch ein für diesen Zweck geeigneter staatsanwaltschaftlicher Funktionär zum Jugendstaatsanwalt bestellt werden.

§ 6. Wenn der Jugendliche keinen gewählten Verteidiger hat und die Verteidigung zweckmäßig erscheint, soll das Jugendgericht dem Beschuldigten in jeder Lage des Verfahrens aus der Reihe der sich hierfür meldenden Rechtsanwälte, Rechtsanwaltsstellvertreter und Rechtsanwaltskandidaten einen Verteidiger bestellen.

§ 7. Der Justizminister kann zum Jugendgerichte aus der Reihe der in der Fürsorgetätigkeit gewandten Männer oder Frauen, nach Bedarf einen oder mehrere Fürsorgebeamte ernennen, die in Gemäßheit der Weisungen des Jugendrichters vorgehen.

Die Dienstverhältnisse und die Einzelheiten des Geschäftskreises der Fürsorgebeamten regelt der Justizminister im Verordnungswege.

Tätigen Mitgliedern der sich bei dem Jugendgerichte anmeldenden Jugendfürsorge- und Patronage-Vereine oder andern Personen, die eine Fürsorgetätigkeit ausüben, stehen, soweit sie in der Erledigung des von dem Gerichte erhaltenen Auftrages vorgehen (Fürsorger), dieselben Rechte zu wie dem Fürsorgebeamten, und sie haben dieselben Pflichten wie dieser.

Der Fürsorgebeamte und der Fürsorger ist im Kreise seines Auftrages als ein Organ der Behörde anzusehen.

Zweites Kapitel.

Allgemeine Bestimmungen für das Verfahren.

§ 8. In Strafsachen Jugendlicher finden die Bestimmungen der Strafprozeßordnung nur insoweit Anwendung, als aus den Vorschriften dieses Gesetzes nichts anderes folgt.

Für das Verfahren vor dem Jugendgerichte sind, mit Ausnahme der aus dem vorigen Absatze folgenden Abweichungen, die für das Verfahren vor dem Bezirksgerichte geltenden Bestimmungen der Strafprozeßordnung entsprechend anzuwenden. In den in Ziffer 4 des § 3 erwähnten Sachen Jugendlicher finden ohne Einschränkung die auf das Verfahren vor dem Bezirksgerichte bezüglichen Bestimmungen der Strafprozeßordnung Anwendung.

§ 9. Steht die Sache eines Jugendlichen mit der Strafsache eines erwachsenen Beschuldigten im Zusammenhange, so ist die Sache des Jugendlichen abzusondern. Ist die Sonderung ohne Nachteil des Verfahrens nicht möglich, so kann das Gericht, dessen Gerichtsstand für die Sache des Jugendlichen begründet wäre, auf Antrag des Staatsanwaltes bestimmen, daß das ordentliche Gericht die Sache des Jugendlichen in Zusammenhang mit der Sache des erwachsenen Beschuldigten erledige.

In dieser Frage ist ein Rechtsmittel nicht statthaft.

§ **10.** Wird ein Jugendlicher mehrerer strafbarer Handlungen beschuldigt, so soll die Verbindung dieser Sachen mit Ausnahme des in Ziffer 1 § 56 geregelten Falles angeordnet und gegen den Jugendlichen wegen sämtlicher strafbaren Handlungen eine Maßnahme angewendet werden.

Eine Verbindung ist zulässig, bis keine der wegen der einzelnen Handlungen möglicherweise gesondert verhängte Maßnahmen vollstreckt wurde, oder wenn im Falle der Entlassung auf Probe die Probefrist ohne Einwand nicht verstrichen ist.

§ **11.** Ist das Verfahren in einer mit der Sache des Jugendlichen zusammenhängenden Strafsache auch vor dem ordentlichen Gerichte anhängig, so kann das Jugendgericht auch von den dort gesammelten Beweismitteln Gebrauch machen. In der Verhandlung nimmt aber das Jugendgericht die unentbehrlichen Beweise unmittelbar auf.

§ **12.** In Strafsachen Jugendlicher ist von der Eröffnung des Verfahrens das auf Grund des Aufenthaltsortes des Jugendlichen zuständige Waisenamt zu verständigen; diesem ist auch der in der Sache gefaßte Endbeschluß zur Kenntnisnahme mitzuteilen.

Erscheint im Interesse eines Kindes oder eines Jugendlichen die Aufhebung oder einstweilige Aussetzung der väterlichen Gewalt, oder die Enthebung des Vormundes, oder eine andere dem Waisenamte zustehende Verfügung nötig, so teilt das Gericht die diesbezüglichen Angaben zwecks Verfügung dem Waisenamte mit.

§ **13.** Ohne behördliche Bewilligung ist es nicht statthaft, in der Sache eines Kindes oder eines Jugendlichen die an Behörden gerichteten Eingaben, die amtlichen Schriften oder irgendwelchen Teil des Verfahrens zu veröffentlichen, oder von einer solchen, den Gegenstand behördlichen Verfahrens bildenden Sache in der Presse Mitteilung zu machen. Auch in der gestatteten Mitteilung darf das Kind oder der Jugendliche nicht bezeichnet werden, und zwar nicht einmal mit den Anfangsbuchstaben seines Namens. Zuwiderhandlungen gegen dieses Verbot sind im Sinne des § 20 des Gesetzartikels XXXIV vom Jahre 1897[5]) und nach Ziffer 2 des § 96 des Gesetzartikels LIV vom Jahre 1912[6]) strafbar.

Der letzte Absatz des § 96 des Gesetzartikels LIV vom Jahre 1912[7]) bleibt auch in Sachen der Kinder und der Jugendlichen unberührt.

Dieser Paragraph hat auf die Veröffentlichungen der Behörden keinen Bezug.

Drittes Kapitel.

Verfahren in Strafsachen Jugendlicher vor den Jugendgerichten.

I. Vorverfahren.

§ **14.** Gegen jeden Jugendlichen, der einer nach § 3 strafbaren Handlung verdächtigt wird, ist die Anzeige bei dem Jugendgerichte zu erstatten. Die bei einer andern Behörde angebrachte Anzeige ist dem Jugendgerichte zu übersenden.

Das Gericht teilt die Anzeige kurzerhand dem Jugendstaatsanwalt mit; das Gericht trifft jedoch die unaufschiebbaren Verfügungen schon während dem der Jugendstaatsanwalt seinen Antrag stellt.

§ **15.** Die Vorerhebungen ordnet auf Antrag des Staatsanwaltes oder des Privatklägers der Jugendrichter an und leitet sie bei Heranziehung der Behörden und Organe der Polizei in der Regel selbst.

Dem Jugendrichter stehen im Vorverfahren ohne Rücksicht auf die Schwere der strafbaren Handlung dieselben Rechte zu, wie in Gemäßheit der Strafprozeßordnung dem Untersuchungsrichter.

Die Polizeibehörde kann in Strafsachen Jugendlicher ohne Weisung des Gerichtes nur die unaufschiebbaren Vorerhebungshandlungen vornehmen.

§ **16.** Der Richter überzeugt sich von der Identität des Jugendlichen und stellt dessen Alter fest. Er nimmt Ermittelungen vor, die zur Erforschung des Sachverhaltes, zur Erkenntnis der Persönlichkeit des Jugendlichen, der Stufe seiner geistigen und sittlichen Reife und seiner Lebensverhältnisse wesentlich sind.

Der Jugendrichter beauftragt den Fürsorgebeamten oder eine andere sich zu diesem Zwecke meldende Person, womöglich im Wege des Patronage-Vereins, über die Persönlichkeit und die Lebensverhältnisse des Jugendlichen Ermittelungen zu erheben. Der Beauftragte erstattet über sein Vorgehen dem Gerichte unverzüglich Meldung.

Ferner kann der Richter den Jugendlichen vorladen, kann als Zeugen den gesetzlichen Vertreter, die Eltern des Jugendlichen, denjenigen, in dessen Haushalt der Jugendliche lebt, und andere Personen laden, von denen er Erkundigungen und Auskünfte einholen kann; der Richter kann über die Persönlichkeit und Lebensverhältnisse des Beschuldigten auch die Vormundschaftsbehörde, die Aufsichtsbehörde für Jugendliche, die Verwaltungs- und Schulbehörde, den zuständigen Priester, den Arbeitgeber des Beschuldigten, den ihn behandelnden Arzt, sowie auch jene Vereine und Anstalten, die sich mit dem Jugendlichen befaßt haben, um Aufklärungen ersuchen.

§ **17.** Wenn die Umstände kein anderes Vorgehen erfordern, ladet der Richter den Jugendlichen mit seinem gesetzlichen Vertreter, mit seinen Eltern oder mit demjenigen, in dessen Haushalt der Jugendliche lebt, zusammen vor.

Erscheint der Jugendliche nicht und kann die mitgeladene Person sich nicht rechtfertigen, daß sie keine Schuld für das Ausbleiben des Jugendlichen trifft, ist der Bichter befugt, gegen die mitgeladene Person eine Geldstrafe bis zu zwanzig Kronen zu verhängen, die im Sinne des Strafgesetzbuches, betreffend die Übertretungen, in Haft umwandelbar ist, nötigenfalls nimmt der Richter zur zwangsweisen Vorführung des Jugendlichen die Mitwirkung der Polizeibehörden in Anspruch.

§ **18**. Der Richter kann, wenn er es für nötig hält, den Jugendlichen unter Beobachtung stellen und durch einen oder mehrere ärztliche Sachverständige untersuchen lassen oder verfügen, daß er in eine diesem Zwecke dienende Beobachtungsanstalt gebracht werde.

Kann auf Grund des ärztlichen Gutachtens festgestellt werden, daß der Jugendliche an einem körperlichen oder geistigen Gebrechen leidet, das einer besonderen Behandlung bedarf, so ist dieser Umstand in der Begründung des Endbeschlusses ausdrücklich zu erwähnen.

§ **19**. Das Jugendgericht verhängt und vollzieht die erforderlichen Schutz- und Vorbeugungsmaßregeln.

Das Gericht kann den Jugendlichen in der Pflege jener belassen, in deren Umgebung er bisher gelebt hat. Erachtet es aber der Richter für begründet, so kann er einen Fürsorger zur Überwachung und Kontrolle der Erziehung des Jugendlichen bestellen.

Ist der körperliche oder sittliche Zustand des Jugendlichen einer Gefahr ausgesetzt, so kann das Gericht ihn aus seiner Umgebung entfernen und mit der Pflege vorläufig ein verläßliches Familienmitglied, eine andere geeignete Person, einen Kinderschutz- oder Patronage-Verein betrauen oder ihn in einer staatlichen Korrektionsanstalt oder in einem staatlichen Kinderasyl unterbringen.

Das Gericht kann diese vorläufige Verfügung auch dann treffen, wenn sich dem schlechten Betragen des jugendlichen Beschuldigten gegenüber die Mittel der häuslichen und der Schulzucht als wirkungslos erwiesen haben.

Das Jugendgericht kann diese Verfügung in jeder Lage des Verfahrens treffen und wann immer abändern.

Die Kraft der Verfügung, wenn sie durch das Gericht nicht eher aufgehoben wurde, erstreckt sich auf die ganze Dauer des Strafverfahrens.

§ **20**. Die verhafteten oder vorgeführten Jugendlichen sind unverzüglich zu dem zuständigen Jugendgerichte zu überstellen.

Kann der Jugendliche nicht sofort vor das Gericht gestellt werden, so ist die Polizeibehörde oder das ordentliche Gericht befugt, ihn ausnahmsweise aus wichtigen Gründen in Gewahrsam zu halten. Die Dauer dieses Gewahrsams kann achtundvierzig Stunden nicht überschreiten.

§ **21**. Kann der Richter, sei es wegen des Alters, der sittlichen Verwahrlosung, oder der gefährlichen Eigenart des Jugendlichen, oder deshalb, weil an Ort und Stelle oder in der nahen Umgebung keine zu seiner Pflege geeignete Person, kein Verein oder keine Anstalt zu finden ist, oder aus anderen wichtigen Gründen, nicht im Sinne des § 19 verfügen, so kann er den Jugendlichen, soweit es dieser Maßregel bedarf, in den Räumen des Gerichtsgefängnisses verwahren lassen.

Die Dauer dieser Verwahrung kann in der Regel fünfzehn Tage nicht überschreiten. In schwereren Fällen kann der Jugendsenat des Gerichtshofes (§ 35) auf Antrag des Staatsanwaltes die Dauer der Verwahrung von Fall zu Fall um je einen Monat verlängern.

Der Jugendliche soll von Gefangenen, die seinen sittlichen Zustand gefährden, abgesondert verwahrt und mit Arbeit beschäftigt werden.

Die in der Strafprozeßordnung geregelte vorläufige Festnahme oder Untersuchungshaft ist nicht statthaft.

§ 22. Nach Vornahme der erforderlichen vorherigen Verfügungen übersendet das Jugendgericht die Akten behufs Antragstellung kurzerhand dem Jugendstaatsanwalte.

Die Staatsanwaltschaft ist auch außer den in der Strafprozeßordnung bestimmten Fällen befugt, die Erhebung der Anklage zu verweigern oder die Anklage zurückzunehmen:

1. wenn der Jugendliche bei Begehung der Handlung die zur Strafbarkeit erforderliche geistige und sittliche Reife nicht besaß;

2. wenn die begangene Handlung von verschwindend geringer Bedeutung ist und der Staatsanwalt die Unterlassung des Strafverfahrens im Interesse des zukünftigen Verhaltens und der sittlichen Entwickelung des Jugendlichen für erwünscht hält.

Dem Staatsanwalt steht das Recht zu, bevor der Endbeschluß des Richters in Rechtskraft erwächst, die Anklage, auch nachdem er die Übernahme derselben verweigert oder sie zurückgenommen hat, wann immer von neuem zu vertreten. Als Übernahme der Anklage ist es zu betrachten, wenn der Staatsanwalt gegen den Endbeschluß ein Rechtsmittel einlegt.

II. Die Beendigung des Verfahrens.

1. Die Beendigung des Verfahrens ohne formelle Verhandlung.

§ 23. Erachtet das Jugendgericht nach Eintreffen der Erklärung der Staatsanwaltschaft die Feststellung der Schuld und die Anwendung einer Strafe im Interesse der geistigen und sittlichen Entwickelung des Jugendlichen nicht für erwünscht, so ist es befugt, ohne förmliche Verhandlung mittels Bescheid einen Endbeschluß zu fassen und folgende Verfügungen zu treffen:

1. Es kann den § 16 der Strafgesetznovelle anwenden, ohne Rücksicht darauf, ob der Jugendliche die zur Strafbarkeit erforderliche geistige und sittliche Reife besaß oder nicht;

2. es kann den Jugendlichen auf Probe entlassen;

3. es kann den Jugendlichen in der Zeit von acht Uhr früh bis acht Uhr abends auf eine Dauer von drei bis zwölf Stunden mit Entziehung oder Einschränkung der Verköstigung in einer hierzu geeigneten Räumlichkeit des Gerichtes unter Aufsicht in Gewahrsam halten;

4. es kann das Verfahren einstellen, wenn die strafbare Handlung von verschwindend geringer Bedeutung ist.

Soll gegen einen Jugendlichen, der sich unter Vollzug der Fürsorgeerziehung oder einer Freiheitsstrafe befindet, wegen eines geringfügigen Vergehens oder einer Übertretung Beschluß gefaßt werden und erscheint eine andere Verfügung nicht für erwünscht, so ist der Richter befugt, ohne Berührung des auf Fürsorgeerziehung oder auf Freiheitsstrafe erkennenden Beschlusses, anzuordnen, daß der Leiter der Anstalt gegen den Jugendlichen wegen der begangenen Handlung eine der Hausordnung gemäß zuläßliche Disziplinarstrafe anwende.

Das Gericht kann diese Verfügungen im Interesse der geistigen und sittlichen Entwickelung des Jugendlichen auch dann treffen, wenn die Erhebung der Anklage verweigert oder die Anklage oder der Strafantrag zurückgenommen wurde.

Auch auf Grund dieses Paragraphen kann das Gericht nur nach der im Laufe des Verfahrens erfolgten Vernehmung des Jugendlichen verfügen.

2. Die Beendigung des Verfahrens mittels Verhandlung.

§ 24. Wenn ohne formelle Verhandlung nicht verfügt werden kann, hält das Jugendgericht eine Verhandlung ab.

Zur Verhandlung sind außer den der Strafprozeßordnung gemäß zu ladenden Personen unter Hinweis auf die für Zeugen zu gewärtigenden Rechtsfolgen des Ausbleibens zu laden: der gesetzliche Vertreter des Jugendlichen oder, wenn dessen Erscheinen mit größeren Schwierigkeiten verbunden ist oder aus andern Gründen nicht als erwünscht erscheint, statt seiner ein naher Angehöriger, dessen Wohnsitz oder Aufenthalt an Ort und Stelle oder in der Nähe ist; ferner derjenige, in dessen Haushalt der Jugendliche lebt, endlich, soweit es trotz der vorher eingeholten Angaben erforderlich erscheint, auch diejenigen, von denen anzunehmen ist, daß sie über den Jugendlichen Auskunft erteilen können.

Von dem Termin der Verhandlung ist der Jugendstaatsanwalt, der Verteidiger, der Fürsorgebeamte und, hat sich ein solcher gemeldet, der Fürsorger des Jugendlichen und der Patronage-Verein, der den Fürsorger entsendet hat, zu verständigen.

Der gesetzliche Vertreter ist vom Termin der Verhandlung auch dann zu verständigen, wenn er nicht vorgeladen wird.

Für die Vorladung des Jugendlichen ist der § 17 maßgebend.

§ 25. Die Verhandlungen in den Strafsachen Jugendlicher sind von den anderen Verhandlungen derart zu sondern, daß eine Berührung der Jugendlichen mit den erwachsenen Angeklagten vermieden wird.

§ **26.** Es unterliegt dem freien Ermessen des Richters, die Öffentlichkeit für die Verhandlung in den Strafsachen Jugendlicher auszuschließen.

Auch bei Verhandlungen, die ohne Ausschluß der Öffentlichkeit abgehalten werden, dürfen als Zuhörer nur Mitglieder der Behörden, der Kinderschutz- und Patronage-Vereine, Rechtsanwälte, Rechtsanwaltsstellvertreter, Rechtsanwaltskandidaten und Rechtspraktikanten beiwohnen; der Richter kann jedoch die Anwesenheit auch anderen erwachsenen Personen gestatten, die ein berechtigtes Interesse an der Verhandlung haben.

Gegen den Beschluß, mit welcher die Öffentlichkeit ausgeschlossen oder eingeschränkt wurde, ist kein Rechtsmittel statthaft.

§ **27.** In Abwesenheit des Staatsanwaltes und des Beschuldigten kann keine Verhandlung abgehalten und kein Endbeschluß gefaßt werden.

Ist zu befürchten, daß einzelne Teile der Verhandlung, besonders das Verhör, der im zweiten Absatz des § 24 erwähnten Personen und der Vortrag der Verteidigung auf den Beschuldigten einen nachteiligen Einfluß ausüben könnte, so kann der Richter anordnen, daß der Beschuldigte auf die Dauer dieses Teiles der Verhandlung den Verhandlungssaal verlasse. Der in dieser Angelegenheit gefaßte Beschluß ist mit keinem Rechtsmittel anfechtbar.

Der Richter kann die Ergebnisse des in der Abwesenheit des Jugendlichen vorgenommenen Verhörs und der Beweisaufnahme, wenn er es im Interesse des Beschuldigten oder des Zieles des Verfahrens für wünschenswert erachtet, dem Jugendlichen mitteilen.

§ **28.** Die Verhandlung hat außer der Klärung des Sachverhaltes und den für die Wahl der richterlichen Verfügung maßgebenden Umständen festzustellen, welche Verfügung im Interesse des zukünftigen Verhaltens und der sittlichen Entwickelung des jugendlichen Beschuldigten am geeignetsten erscheint.

Zu diesem Zwecke sind jene Umstände mit besonderer Sorgfalt festzustellen, aus welchen auf die Persönlichkeit, auf den Grad der geistigen und sittlichen Entwickelung und die Lebensverhältnisse des Jugendlichen gefolgert werden kann.

Diesbezüglich ist der Fürsorgebeamte und der Fürsorger auf Antrag irgendeiner der Parteien zu vernehmen. Der Richter kann die Vernehmung auch ohne Antrag der Parteien anordnen.

Nach Bedarf sollen die Angehörigen des jugendlichen Beschuldigten und auch andere Personen verhört werden, die über die im ersten Absatze erwähnten Umstände Aufklärung geben können.

§ **29.** Die in Ziffer 1 § 205 der Strafprozeßordnung festgestellte Befreiung von der Zeugnispflicht erstreckt sich nicht auf die Mitteilung der zur Feststellung der Persönlichkeit, des Grades der geistigen und sittlichen Entwickelung und der Lebensverhältnisse des Jugendlichen erforderlichen Angaben und Umstände.

Die Bestimmung des § 208 der Strafprozeßordnung bleibt auch hinsichtlich dieser Angaben und Umstände unberührt.

§ 30. Der Staatsanwalt hat in seinem Antrag zu erklären, welche Verfügungen er im Interesse des Beschuldigten für wünschenswert hält. In dieser Frage können sich auch der Verteidiger, der gesetzliche Vertreter, die Eltern und der Fürsorger des Beschuldigten, wie auch der Fürsorgebeamte äußern.

Der Richter ist in der Auswahl der zu treffenden Verfügung durch diese Äußerungen nicht gebunden.

§ 31. In der Strafsache Jugendlicher faßt der Jugendrichter auf Grund der Verhandlung einen der folgenden Endbeschlüsse:

1. Er fällt den Vorschriften der Strafprozeßordnung entsprechend ein Urteil, wenn er auf Verweis, Gefängnis, Staatsgefängnis, Arrest oder Geldstrafe (§ 69) erkennt, oder den Angeklagten freispricht.

2. Er beschließt mittels Bescheides, wenn er Erziehungsmaßnahmen (§ 23) trifft, oder wenn er das Verfahren einstellt.

Wenn der Richter das Verfahren gegen mehrere Jugendliche mit einem Endbeschlusse zum Abschluß bringt und im Sinne des vorigen Absatzes teils mittels Urteils, teils mittels Bescheides zu entscheiden wäre, so fällt der Richter ein Urteil; hinsichtlich solcher Verfügungen jedoch, welche im Sinne des vorigen Absatzes mittels Bescheides anzuordnen wären, unterläßt er die Feststellung der Schuld.

III. Rechtsmittel.

§ 32. Gegen die Endbeschlüsse des Jugendgerichtes ist die Berufung statthaft.

Eine gegen den auf die Person des Jugendlichen bezüglichen Beschluß eingelegte Berufung hemmt die Vollstreckung des Beschlusses nicht; der Jugendrichter kann jedoch, wenn es im Interesse des Jugendlichen wünschenswert ist, die Vollstreckung aufschieben.

§ 33. Von der Berufung können Gebrauch machen: der Staatsanwalt, der Privatkläger, der Jugendliche; ferner auch gegen dessen ausdrücklichen Willen sein gesetzlicher Vertreter, seine Eltern, sein Ehegenosse und sein Verteidiger; endlich gegen den auf sie bezüglichen Teil des Beschlusses jene Personen, auf die sich der Beschluß bezieht.

Wenn der Staatsanwalt keine Berufung einlegt, können die übrigen Berechtigten nur dann von einer Berufung Gebrauch machen, wenn das Gericht auf Fürsorgeerziehung, Gefängnis, Staatsgefängnis oder Arreststrafe erkannt hat.

Der Jugendliche, ferner sein gesetzlicher Vertreter und der Verteidiger kann gegen die auf die Kosten des Verfahrens, den privatrechtlichen Anspruch und andere Nebenfragen bezüglichen Verfügungen des Endbeschlusses auch dann Berufung einlegen, wenn die Berufung im übrigen ausgeschlossen wäre.

§ 34. Die Berufung ist in der Tatfrage, sowie wegen Verletzung einer wesentlichen Bestimmung des Gesetzes statthaft. Der Berufungsgrund ist bei der Anmeldung oder in der Begründung anzugeben.

§ 35. Die Beschlüsse des Jugendgerichtes überprüft der durch den Präsidenten der kgl. Tafel hierzu bestellte, mit drei Mitgliedern besetzte, ständige Senat des kgl. Gerichtshofes (Jugendsenat des Gerichtshofes).

§ 36. Der Jugendsenat des Gerichtshofes kann den Endbeschluß des Jugendgerichtes bestätigen, abändern oder aufheben und kann statt des aufgehobenen Endbeschlusses entweder einen neuen Beschluß fassen oder das Jugendgericht zur Verhandlung und neuer Beschlußfassung, zur Aufklärung einzelner Umstände oder Einholung einzelner Angaben anweisen.

§ 37. Der Jugendsenat des Gerichtshofes erkennt über die Berufung in einer Verhandlung, wenn er den Endbeschluß des Jugendgerichtes durch Verhängung einer Freiheitsstrafe oder Erhöhung ihrer Dauer abändert.

In andern Fällen entscheidet der Jugendsenat des Gerichtshofes in einer Senatssitzung, es sei denn, daß er zur Aufklärung des Sachverhaltes oder aus andern Gründen eine Verhandlung für nötig findet.

Wurde die Berufung lediglich gegen jene Bestimmungen des Beschlusses eingelegt, die sich auf die Kosten des Verfahrens, die privatrechtlichen Ansprüche oder andere Nebenfragen bezieht, so entscheidet der Jugendsenat des Gerichtshofes immer in geschlossener Senatssitzung.

§ 38. Der Jugendsenat des Gerichtshofes überprüft die Berufung in der Senatssitzung, außer dem im letzten Absatze des § 37 vorgesehenen Falle, nach Anhören des Jugendstaatsanwaltes, und wenn es ohne größere Schwierigkeiten möglich ist, des Jugendlichen, ferner des Fürsorgers, wenn ein solcher vorhanden ist, sowie des gesetzlichen Vertreters, oder der Eltern, oder der Person, in dessen Haushalt der Jugendliche lebt.

Für die Verhandlung vor dem Jugendsenate des Gerichtshofes soll, wenn der Jugendliche das achtzehnte Lebensjahr noch nicht vollendet und keinen Wahlverteidiger hat, ein Verteidiger bestellt werden. Im übrigen sind in der Verhandlung vor dem Jugendsenate des Gerichtshofes die §§ 24—31 entsprechend anzuwenden.

§ 39. Gegen den in zweiter Instanz gefaßten Endbeschluß des Jugendsenates des Gerichtshofes können von der Nichtigkeitsbeschwerde Gebrauch machen:

1. der Staatsanwalt wegen Verletzung einer wesentlichen Bestimmung des Gesetzes;

2. der Jugendliche, sein gesetzlicher Vertreter und sein Verteidiger wegen Verletzung einer wesentlichen Bestimmung des Gesetzes, wenn das Gericht auf Fürsorgeerziehung, Gefängnis oder Staatsgefängnisstrafe erkannt hat.

§ **40.** Die Nichtigkeitsbeschwerde gegen die in zweiter Instanz gefällten Endbeschlüsse des Jugendsenates des Gerichtshofes überprüft der durch den Präsidenten hierfür bestellte ständige Senat der kgl. Tafel.

§ **41.** Für das Verfahren der kgl. Tafel sind die auf die Nichtigkeitsbeschwerde bezüglichen Bestimmungen der Strafprozeßordnung maßgebend.

§ **42.** Hat das Gericht niederer Instanz keine Gefängnis- oder Staatsgefängnisstrafe verhängt, so kann der Jugendsenat des Gerichtshofes und die kgl. Tafel diese Strafe nur dann verhängen, wenn es der Staatsanwalt im Rechtsmittel oder in der Verhandlung beantragt.

Auch die Dauer der durch das Gericht niederer Instanz verhängten Gefängnis- oder Staatsgefängnisstrafe kann das Gericht höherer Instanz nur bei Obwalten einer dieser Bedingungen erhöhen.

§ **43.** In Strafsachen Jugendlicher ist eine Wiedereinsetzung nur wegen Versäumung der Berufungsfrist statthaft.

Eine Wiederaufnahme zugunsten des Verurteilten ist nur statthaft, wenn die Sache mit einem auf Gefängnis-, Staatsgefängnisstrafe oder Fürsorgeerziehung erkennenden Endbeschlusse, zum Nachteil des Jugendlichen nur dann, wenn sie mit einem freisprechenden Urteile oder einem einstellenden Beschlusse erledigt wurde.

Wenn das Jugendgericht die Wiederaufnahme des Verfahrens beschließt, so pflegt es in Gemäßheit der §§ 14—18 die Vorerhebungen und beendet hierauf den Umständen entsprechend das Verfahren entweder ohne Verhandlung oder beraumt den Termin zur Verhandlung an.

Für das zur Wahrung der Rechtseinheit zulässige Rechtsmittel sind die Bestimmungen der Strafprozeßordnung maßgebend.

IV. Die Kosten des Verfahrens. Privatrechtlicher Anspruch.

§ **44.** Das Gericht entscheidet im Endbeschlusse über die Kosten des Verfahrens und über den privatrechtlichen Anspruch, der nach den Bestimmungen der Strafprozeßordnung im Strafverfahren geltend gemacht werden kann.

Wird festgestellt, daß der Jugendliche die strafbare Handlung begangen hat, so verpflichtet das Gericht den Jugendlichen zur Tragung der Kosten des Verfahrens.

Das Gericht kann den im Verfahren geltend gemachten privatrechtlichen Anspruch, wenn dessen Verhandlung das Verfahren verzögern würde, jederzeit auf den Zivilrechtsweg verweisen.

§ **45.** Wird die Privatklage oder der Strafantrag zurückgenommen, so kann der Privatkläger oder der Antragsberechtigte zum Ersatz der Kosten des Verfahrens nur dann verpflichtet werden, wenn nach dem Ergebnisse des Verfahrens die Privatklage oder der Strafantrag völlig grundlos war.

V. Vollstreckung.

1. Entlassung zur Probe.

§ 46. Wenn das Jugendgericht den Jugendlichen zur Probe entläßt, so bestimmt es im Bescheide die Person, die Anstalt oder den Verein, dem es die Aufsicht über den jugendlichen Angeschuldigten überträgt und bezeichnet den Ort, wo sich der jugendliche Beschuldigte während der Bewährungsfrist aufzuhalten hat.

§ 47. Der Vollzug der Entlassung zur Probe obliegt dem Jugendrichter.

Ist der Wohnsitz oder der ständige Aufenthaltsort des Jugendlichen außerhalb des Amtssitzes des Gerichtes, so übersendet das Gericht behufs Vollziehung der Entlassung zur Probe die Akten samt den nötigen Mitteilungen dem Gerichte, in dessen Bezirk sich der Wohnsitz oder der ständige Aufenthaltsort des Jugendlichen befindet.

Dieselben Verfügungen trifft das Gericht, wenn der zur Probe Entlassene aus seinem Bezirke nachträglich fortgezogen ist.

§ 48. Der zur Probe Entlassene steht während der Bewährungsfrist unter der Aufsicht des Jugendrichters.

Der Richter übt die Aufsicht unmittelbar und durch die mit der Aufsicht betraute Person (§ 22 Strafgesetznovelle) aus, die in Gemäßheit der Weisung des Richters vorzugehen hat.

Wenn der Jugendliche seinen Wohnsitz oder ständigen Aufenthaltsort oder seine Wohnung wechselt, wenn er stirbt, schwer erkrankt, seinen Pfleger ohne Erlaubnis verläßt, oder wenn andere Umstände vorliegen, welche eine richterliche Verfügung erheischen, so ist der Richter ohne Verzug zu verständigen.

An der Aufsicht des zur Probe Entlassenen nimmt auch die Aufsichtsbehörde für Jugendliche Anteil.

§ 49. Wenn der zur Probe Entlassene während der Bewährungsfrist eine strafbare Handlung begeht, so geht das Jugendgericht nach Bestimmungen dieses Gesetzes vor; wenn die strafbare Handlung den Wirkungskreis des Jugendgerichtes übersteigt, oder wenn es für das Verfahren nicht zuständig ist, so gibt es die Sache dem Gerichte ab, dessen Wirkungskreis und Gerichtsstand für sie begründet ist.

§ 50. Wenn der zur Probe Entlassene während der Bewährungsfrist ein, bloß mit Geldstrafe bedrohtes, oder ein anderes Vergehen von geringer Schwere oder eine Übertretung begeht, oder wenn er sich dem Trunke ergibt oder einen unsittlichen oder landstreicherischen Lebenswandel führt, oder auf andere Weise Zeichen des sittlichen Verkommens gibt oder gegen die Regeln der Aufsicht verstößt (§ 23 der Strafgesetznovelle) und der Richter im Interesse der sittlichen Entwickelung des Jugendlichen keine andere Verfügung für nötig findet, so kann er nach Klärung des Sachverhaltes und Feststellung der Tatsachen folgende Verfügungen treffen:

1. er kann die Bewährungsfrist mit einem Jahre verlängern;

2. er kann neue Aufsichtsmaßregeln erlassen;

3. er kann für den Jugendlichen einen neuen Fürsorger bestellen;

4. er kann dem Jugendlichen einen Verweis erteilen;

5. er kann veranlassen, daß der Jugendliche eine häusliche oder Schulstrafe erhalte;

6. er kann verfügen, daß der Jugendliche seinem Alter und seinen Verhältnissen entsprechend eine Fortbildungs-, Lehrlings-, landwirtschaftliche oder eine andere Schule besuche;

7. er kann verfügen, daß der Jugendliche sich beim Richter zur Entgegennahme von Weisungen im voraus festgestellten Zeiträumen melde und über sein Betragen Rechenschaft ablege;

8. er kann den Jugendlichen in einer der Ziffer 3 des § 23 entsprechenden Weise in Gewahrsam halten.

Diese Verfügungen kann der Richter verbunden oder einzeln treffen und wiederholt oder mehrmals so lange anwenden, bis der Jugendliche unter der Entlassung zur Probe steht und sein einundzwanzigstes Lebensjahr noch nicht vollendet hat.

§ 51. Wenn der Jugendrichter mit Aufrechterhalten der Entlassung zur Probe im Sinne des § 50 eine Verfügung trifft, so verständigt er von seiner Verfügung nur den zur Probe Entlassenen und dessen Fürsorger, sowie den Jugendstaatsanwalt. Bloß dem Staatsanwalt steht ein Rechtsmittel gegen die Verfügung zu und selbst diesem nur wegen Aufrechterhalten der Entlassung zur Probe, oder deswegen, weil die strafbare Handlung nicht in den Wirkungskreis des Jugendrichters gehört. Das eingelegte Rechtsmittel hemmt die Vollstreckung der Verfügung nicht.

Der Jugendsenat des Gerichtshofes kann in geschlossener Sitzung, nach Anhören des Jugendstaatsanwaltes, den gefaßten Beschluß bestätigen oder den Jugendrichter anweisen, er möge mit Außerkraftsetzung der Entlassung zur Probe, im Sinne des ersten Absatzes des § 23 der Strafgesetznovelle (§ 33 Strafgesetznovelle) einen neuen Beschluß fassen oder die Sache zwecks Einleitung des Verfahrens, im Sinne des § 56 dieses Gesetzes, einem andern Gerichte übergeben. Gegen diese Entscheidung ist ein weiteres Rechtsmittel nicht statthaft.

2. Fürsorgeerziehung und nachträgliche Fürsorgeerziehung.

§ 52. Über Vollstreckung der Zwangserziehung verfügt der Justizminister. Den hierzu nötigen Vortrag erstattet der Jugendrichter.

Wenn das Gericht, sei es niederer oder höherer Instanz, in einem, wenn auch noch nicht rechtskräftigen Beschluß die Fürsorgeerziehung des Jugendlichen anordnet, so hat der Jugendrichter die einstweilig nötigen Schutz- und Vorbeugungsmaßregeln (§§ 19 und 21) sofort zu treffen.

§ 53. Wenn die Vollstreckung der Fürsorgeerziehung oder die Fortsetzung der Vollstreckung wegen der seit der Anordnung verstrichenen längeren Zeit oder aus andern Gründen nicht wünschenswert ist, so trifft das Gericht, das in erster Instanz erkannt hat, statt der Fürsorgerziehung eine andere Verfügung.

Wenn das Gericht bei Verhängung der Gefängnisstrafe nachträgliche Fürsorgeerziehung angeordnet hat und das Betragen des Jugendlichen während der Vollstreckung der Gefängnisstrafe bezeugt, daß sich der Jugendliche vollständig gebessert hat, und daß es des Vollzugs der Fürsorgeerziehung nicht mehr bedarf, so kann das Jugendgericht, in dessen Bezirke der Jugendliche die Gefängnisstrafe verbüßt, auf Antrag der zuständigen Aufsichtsbehörde für Jugendliche die Aufhebung der Fürsorgeerziehung anordnen.

Vor der Beschlußfassung sind zu vernehmen: der Jugendstaatsanwalt, der Jugendliche, sein etwaiger Verteidiger und, insofern es ohne größere Schwierigkeiten möglich ist, sein gesetzlicher Vertreter oder seine Eltern, denen das Recht zusteht, gegen den Beschluß Berufung einzulegen. Freiheitstrafe kann nur in einer Verhandlung verhängt werden. Für die Überprüfung des Endbeschlusses sind die Bestimmungen der §§ 32—43 maßgebend.

§ 54. Wenn das Gericht die nachträgliche Fürsorgeerziehung des zu Gefängnisstrafe verurteilten Jugendlichen in dem die Gefängnisstrafe verhängenden Urteile nicht angeordnet hat und diesbezüglich die zuständige Aufsichtsbehörde für Jugendliche einen Antrag stellt, so entscheidet in der Frage der nachträglichen Fürsorgeerziehung jenes Jugendgericht, in dessen Bezirk der Jugendliche seine Gefängnisstrafe verbüßt.

Der Jugendrichter prüft den Antrag ohne Verzug, verfügt über das Einholen der nötigen Angaben und Schriften, teilt diese behufs Antragstellung dem Jugendstaatsanwalte mit und entscheidet, dem Bedürfnis gemäß, nach Anhören des Jugendlichen, seines etwaigen Verteidigers und, wenn dies ohne größere Schwierigkeiten möglich, seines gesetzlichen Vertreters oder seiner Eltern, ohne formelle Verhandlung, mittels Bescheid, gegen welchen eine einmalige Berufung statthaft ist.

Wenn der Richter über die Anordnung der nachträglichen Fürsorgeerziehung vor Verbüßung der Gefängnisstrafe nicht entscheiden kann, so kann er anordnen, daß der Jugendliche so lange, bis der auf nachträgliche Fürsorgeerziehung zu fällende Beschluß in Rechtskraft erwächst oder der Jugendliche der Korrektionsanstalt überwiesen wird, auch nach Verbüßung der Gefängnisstrafe dem § 19 oder dem § 21 entsprechend vorläufig in Pflege oder Gewahrsam gehalten werde.

3. Gefängnis-, Staatsgefängnis-, Arrest- und Geldstrafe.

§ 55. Über Vollstreckung der Gefängnis- und Arreststrafe, sowie über Erhebung der Geldstrafe verfügt der Jugendrichter; über die Vollstreckung der Staatsgefängnisstrafe verfügt, auf Vortrag des Jugendrichters, der Justizminister.

Viertes Kapitel.

Verfahren in Strafsachen Jugendlicher vor den ordentlichen Gerichten.

§ 56. In Strafsachen Jugendlicher geht das, nach den allgemeinen auf den Wirkungskreis bezüglichen Rechtsbestimmungen berufene, ordentliche Gericht vor:

1. wenn der Beschuldigte die strafbare Handlung im Preßwege nach Vollendung seines fünfzehnten Lebensjahres begangen hat;

2. wenn dem Beschuldigten außer seiner zum Wirkungskreise des Jugendgerichtes gehörenden Handlung, auch eine nach Vollendung seines achtzehnten Lebensjahres begangene Handlung zur Last gelegt wird, wegen der das Verfahren zum Wirkungskreise der kgl. Gerichte gehört, und die Verbindung nach den Bestimmungen der Strafprozeßordnung statthaft ist;

3. wenn der Jugendliche einer strafbaren Handlung beschuldigt wird, welche das Gesetz mit Todes- oder Zuchthausstrafe bedroht, und der Jugendliche bei Begehung der Handlung sein fünfzehntes Lebensjahr bereits vollendet hat; in diesem Falle jedoch geht der Jugendsenat des Gerichtshofes auch statt des Schwurgerichtes vor.

Wenn das ordentliche Gericht außer den in diesem Paragraphen bestimmten Fällen in einer Sache vorgeht, welche nach diesem Gesetze zum Wirkungskreise des Jugendgerichtes gehört hätte, so wird durch diesen Umstand die Gültigkeit des Verfahrens nicht berührt.

§ 57. Das ordentliche Gericht wendet in Strafsachen Jugendlicher die Bestimmungen der Strafprozeßordnung, jedoch mit den aus diesem Gesetze folgenden Abweichungen an.

Außer den in diesem Gesetze bestimmten allgemeinen Regeln des Verfahrens (zweites Kapitel) sind die Bestimmungen dieses Gesetzes maßgebend, insbesondere was die im Interesse des Jugendlichen erforderlichen Schutz- und Vorbeugungsmaßregeln, die Verweigerung der Erhebung und der Zurücknahme der Anklage, die Feststellung der Persönlichkeit und Lebensverhältnisse des Jugendlichen und die Rechtsmittel betrifft.

Für die Rechtsmittel im Verfahren vor den Schwurgerichten sind die Bestimmungen der Strafprozeßordnung maßgebend.

§ 58. Im Sinne der §§ 47, 48, 53 und 54 dieses Gesetzes geht auch dann das Jugendgericht vor, wenn die Entlassung zur Probe vom ordentlichen Gericht angeordnet wurde, oder wenn denjenigen, dessen nachträgliche Fürsorgeerziehung aufzuheben oder anzuordnen ist, das ordentliche Gericht verurteilt hat.

Das Jugendgericht entscheidet auch auf Grund der §§ 49—50 über den durch das ordentliche Gericht zur Probe entlassenen Jugendlichen, wenn der Jugendliche sich während der Bewährungsfrist dem Trunke ergibt, einen unsittlichen, landstreicherischen Lebenswandel führt, oder auf andere Weise Zeichen des sittlichen Verkommens gibt, oder gegen die Regeln der Aufsicht verstößt, oder eine strafbare Handlung begeht, deren Beurteilung den Wirkungskreis des Jugendgerichts nicht übersteigt.

§ **59.** Wenn der Beschuldigte strafbarer Handlungen angeklagt wird, welche er teils im jugendlichen Alter, teils nach Vollendung des jugendlichen Alters begangen hat (Ziffer 2 § 56), so wird der Wirkungskreis und der Gerichtsstand des ordentlichen Gerichtes durch die für Erwachsene maßgebenden Regeln bestimmt.

In solchen Fällen verhängt das ordentliche Gericht wegen der nach Vollendung des achtzehnten Lebensjahres des Beschuldigten begangenen strafbaren Handlung oder Handlungen eine laut Bestimmungen der Strafgesetzbücher zu erkennende Strafe und berücksichtigt hierbei die im jugendlichen Alter verübte Handlung entweder nur bei Bemessung der Strafe oder trifft, insoweit es nach den Umständen des Falles für begründet erscheint, eine jener Verfügungen, die im Sinne der Strafgesetznovelle und dieses Gesetzes zulässig sind.

Diese Vorschriften sind auch dann maßgebend, wenn gegen einen zur Probe Entlassenen wegen einer während der Bewährungsfrist, jedoch nach Vollendung seines achtzehnten Lebensjahres begangenen strafbaren Handlung zu entscheiden ist.

§ **60.** Wenn an der Strafsache eines Jugendlichen ein erwachsener Beschuldigter nicht beteiligt ist, oder wenn gegen den Jugendlichen das Verfahren von seinem erwachsenen Mitbeschuldigten gesondert anhängig ist:

1. so ist der Gerichtsstand des ordentlichen Gerichtes in Gemäßheit des § 4 zu bestimmen;
2. es vertritt die Anklage vor dem ordentlichen Gerichte der Jugendstaatsanwalt;
3. kann der Jugendsenat des Gerichtshofes das Verfahren vor Anberaumung der Hauptverhandlung in geschlossener Sitzung in Gemäßheit des § 23 ohne formelle Verhandlung zu Ende führen;
4. ist gegen die Anklageschrift kein Einspruch statthaft und ist eine unmittelbaee Ladung zur Hauptverhandlung zu erlassen;
5. findet die Hauptverhandlung in Sachen, die zu seinem Wirkungskreise gehören, vor dem Jugendsenat des Gerichtshofes statt;
6. ist in der Hauptverhandlung für den Ausschluß und die Beschränkung der Öffentlichkeit der § 26 maßgebend.

§ **61.** Ist in der Strafsache des Jugendlichen auch ein erwachsener Beschuldigter beteiligt und ist die Sonderung nicht möglich, so sind für den Wirkungskreis und für das Verfahren die Bestimmungen der Strafprozeßordnung, mit Berücksichtigung des § 57 maßgebend.

In Strafsachen Jugendlicher kann der Anklagesenat in geschlossener Sitzung in Gemäßheit des § 23 einen Endbeschluß fassen.

Fünftes Kapitel.

Das Verfahren vor den Verwaltungsbehörden in Übertretungsachen Jugendlicher.

§ 62. In jenen Übertretungssachen Jugendlicher (§ 33 der Strafgesetznovelle), die nach den allgemeinen für die Gerichtsbarkeit bestehenden Rechtssätzen in den Wirkungskreis der Verwaltungsbehörden gehören, geht mit Ausnahme der in Ziffer 2 des § 3 bezeichneten Übertretungen, die Verwaltungsbehörde als Polizeistrafgericht vor.

Die Verwaltungsbehörde ist auch befugt, die im Interesse des Kindes im Sinne des § 15 der Strafgesetznovelle erforderlichen Verfügungen zu treffen, wenn das Kind vor die Verwaltungsbehörde gelangt und die Verfügung unaufschiebbar notwendig ist.

§ 63. Wenn in der Übertretungssache des Jugendlichen die Verwaltungsbehörde als Polizeistrafgericht vorgeht, so wendet sie die Bestimmungen des Polizeistrafverfahrens mit den aus diesem Gesetze folgenden Abweichungen an.

Außer den allgemeinen Bestimmungen dieses Gesetzes über das Verfahren (zweites Kapitel) sind die Bestimmungen dieses Gesetzes maßgebend, insbesondere was die im Interesse des Jugendlichen nötigen Schutz- und Vorbeugungsmaßregeln, die Feststellung der Persönlichkeit und Lebensverhältnisse des Jugendlichen, die Absonderung und die Öffentlichkeit der Verhandlung, sowie die Endbeschlüsse betrifft. Die erforderlichen Beschränkungen und Einzelheiten stellt der Minister des Innern und der Justizminister im Verordnungswege fest.

Erachtet die Verwaltungsbehörde als Polizeistrafgericht die Unterbringung des Jugendlichen in einer Korrektionsanstalt für notwendig, so übergibt sie die Sache im Sinne des § 23 der Strafgesetznovelle an das zuständige Jugendgericht.

§ 64. Bei Polizeistrafgerichten, bei welchen Übertretungen Jugendlicher in großer Anzahl vorkommen, soll ein eigener Richter zur Erledigung derselben bestellt werden.

Sechstes Kapitel.

Verfahren vor den Jugendgerichten im Interesse von Kindern, die eine wider einen Strafrechtssatz verstoßende Handlung begangen haben, und in den Sachen Minderjähriger, die in ihrer Umgebung dem sittlichen Verderben ausgesetzt oder im Begriff sind, sittlich zu verkommen, aber mit Begehung einer strafbaren Handlung nicht verdächtigt werden.

§ 65. Im Interesse des Kindes, das vor Vollendung des zwölften Lebensjahres eine wider einen Strafrechtssatz verstoßende Handlung begangen hat, holt der Jugendrichter den §§ 15—18 dieses Gesetzes gemäß die notwendigsten orientierenden Angaben ein und verfügt nach Feststellung der Tatsachen im Sinne des § 15 der Strafgesetznovelle.

§ 66. Wenn ein Kind oder ein mit Begehung einer strafbaren Handlung nicht verdächtigter Minderjähriger, der sein achtzehntes Lebensjahr noch nicht vollendet hat und in seiner Umgebung der Gefahr des sittlichen Verderbens ausgesetzt oder im Begriff ist, sittlich zu verkommen, so kann das Jugendgericht in dringenden Fällen folgende Verfügungen treffen:

1. es kann die Eltern, den gesetzlichen Vertreter oder denjenigen, in dessen Haushalt der Minderjährige lebt (Pfleger), aufmerksam machen, daß sie den Minderjährigen strenger beaufsichtigen und sorgfältiger erziehen sollen;

2. es kann die Eltern, den gesetzlichen Vertreter oder den Pfleger anweisen, daß sie den Minderjährigen züchtigen, ihn zur pünktlichen Erfüllung der Schulbesuchspflicht anhalten und von der für seine sittliche Entwickelung gefährlichen Umgebung, Beschäftigung oder Lebensweise zurückhalten sollen;

3. hält es das Gericht für begründet, so kann es zur Kontrolle und Aufsicht der Erziehung des Minderjährigen vorläufig einen Fürsorger bestellen; wenn der körperliche und sittliche Zustand des Minderjährigen einer Gefahr ausgesetzt ist, so kann es ihn auch aus seiner bisherigen Umgebung entfernen und vorläufig in einem staatlichen Kinderasyl unterbringen oder seine Pflege solange, bis das Waisenamt in dieser Frage entscheidet, einem verläßlichen Angehörigen, einer andern geeigneten Person, einem Kinderschutz- oder Patronage-Verein anvertrauen und kann diese Verfügungen auch dann treffen, wenn sich gegen den Minderjährigen die Mittel der häuslichen und Schulzucht wirkungslos erwiesen haben.

Wenn sich am Amtssitze des Gerichtes oder in dessen Nähe ein staatliches Kinderasyl oder eine Kolonie desselben befindet, so soll der aus seiner Umgebung entfernte Minderjährige dort untergebracht werden, wenn er in Gemäßheit der Vorschriften für den staatlichen Kinderschutz in ein staatliches Kinderasyl aufgenommen werden kann.

Wenn das Gericht die Unterbringung des Minderjährigen verfügt, so teilt es seinen Beschluß dem nach dem Sitze des Gerichtes zuständigen Waisenamte ohne Verzug mit. Die Verfügung des Gerichtes tritt mit der rechtskräftigen Entscheidung des Waisenamtes außer Kraft, wenn sie nicht schon vorher durch das Gericht selbst außer Kraft gesetzt wurde. Die Kraft der richterlichen Verfügung erlöscht auch bezüglich des Minderjährigen, der sein achtzehntes Lebensjahr vollendet hat.

Im Sinne dieses Paragraphen kann das Gericht auch dann verfügen, wenn es das gegen den Jugendlichen wegen einer strafbaren Handlung anhängige Verfahren eingestellt oder mit einem freisprechenden Urteile zu Ende geführt hat.

Ein Rechtsmittel ist nicht statthaft.

§ 67. Das Jugendgericht ist befugt, gegen die Eltern, den gesetzlichen Vertreter oder den Pfleger, die der auf Grund des vorigen Paragraphen erlassenen Weisung ungerechtfertigt nicht nachkommen, wegen Übertretung auf eine Geldstrafe bis hundert Kronen zu erkennen.

Der Richter ist befugt, auf Ansuchen des Waisenamtes gegen die Eltern, den gesetzlichen Vertreter oder den Pfleger auf dieselbe Strafe zu erkennen, wenn diese einer dem vorigen Paragraphen entsprechend erlassenen Weisung des Waisenamtes ungerechtfertigt nicht nachkommen.

In der Sache der Übertretung entscheidet das Jugendgericht nach Anhören des Beschuldigten mittels Bescheides. Gegen den Beschluß kann binnen acht Tagen, von dem Tage der Mitteilung gerechnet, Berufung eingelegt werden, über welche der Jugendsenat des Gerichtshofes endgültig entscheidet.

Siebentes Kapitel.

Gemischte und Schlußbestimmungen.

§ 68. An Stelle des vierten Absatzes des § 26 des Gesetzartikels XXXVI vom Jahre 1908 tritt folgende neue Bestimmung:

Die kürzeste Dauer der Gefängnisstrafe beträgt fünfzehn Tage; die längste Dauer beträgt, wenn der Jugendliche zur Zeit der Begehung der Handlung sein fünfzehntes Lebensjahr vollendet hat und das Gesetz die Handlung mit Todes- oder lebenslänglicher Zuchthausstrafe bedroht, fünfzehn Jahre; wenn der Jugendliche zur Zeit der Begehung der Handlung sein fünfzehntes Lebensjahr vollendet hat, und das Gesetz die Handlung mit einer Zuchthausstrafe von bestimmter Dauer bedroht, zehn Jahre; in anderen Fällen fünf Jahre.

§ 69. Der § 33 des Gesetzartikels XXXVI vom Jahre 1908 wird mit der folgenden Bestimmung als zweitem Absatz ergänzt:

Wenn der Jugendliche Vermögen oder Erwerb besitzt, und zur Zeit der Begehung der Handlung das fünfzehnte Lebensjahr vollendet hat, so kann gegen ihn auf Geldstrafe von einer bis zu hundert Kronen erkannt werden, die im Nichtzahlungsfalle durch eine andere Verfügung zu ersetzen ist.

§ 70. Der § 35 des Gesetzartikels XXXVI vom Jahre 1908 ist für das Jugendgericht nicht maßgebend.

§ 71. Nach den § 106 des Gesetzartikels V vom Jahre 1878 (Strafgesetzbuch) sind die folgenden Bestimmungen als neuer Paragraph einzuschalten:

Gegen einen Jugendlichen ist die Einleitung des Verfahrens durch Verjährung ausgeschlossen: nach Ablauf von fünf Jahren, wenn die Handlung gemäß der im Gesetze bestimmten Qualifikation ein Verbrechen ist und nach Ablauf von zehn Jahren, wenn der Jugendliche zur Zeit der Begehung der Handlung sein fünfzehntes Lebensjahr vollendet hat und seine Handlung mit einer Freiheitsstrafe von mehr als fünf Jahren bedroht ist; nach Ablauf von drei Jahren, wenn die Handlung ein Vergehen ist. Die preßrechtliche Verjährungsfrist bleibt unberührt.

Wenn der Jugendliche zur Zeit der Begehung der Handlung sein fünfzehntes Lebensjahr vollendet hat und das Gesetz seine Handlung mit Todes- oder lebenslänglicher Zuchthausstrafe bedroht, so beträgt die Verjährungsfrist fünfzehn Jahre.

§ 72. Der § 109 des Strafgesetzbuches wird mit folgender Bestimmung als zweitem Absatz ergänzt:

Im Falle der Entlassung eines Jugendlichen zur Probe ruht die Verjährung während der Bewährungsfrist.

§ 73. Nach den § 120 des Strafgesetzbuches sind die folgenden Bestimmungen als neuer Paragraph einzuschalten:

Die Verjährung schließt die Vollstreckung der Strafe gegen den Jugendlichen aus: nach Ablauf von zwanzig Jahren, wenn eine Gefängnisstrafe von mehr als zehn Jahren verhängt wurde; nach Ablauf von fünfzehn Jahren, wenn eine Gefängnisstrafe von zehn Jahren verhängt wurde; nach Ablauf von zehn Jahren, wenn eine Gefängnisstrafe in der Dauer von weniger als zehn, aber von mehr als fünf Jahren verhängt wurde; nach Ablauf von fünf Jahren, wenn eine Staatsgefängnisstrafe oder eine Gefängnisstrafe von weniger als fünf Jahren verhängt wurde.

§ 74. Der § 62 des Gesetzes betreffend die Übertretungen[8]) wird mit folgender Bestimmung als zweitem Absatz ergänzt:

Für einen Jugendlichen ist die Anberaumung eines im vorigen Absatze erwähnten Termins nicht notwendig, wenn aus den vorliegenden Umständen auch ohnedies festzustellen ist, daß der Jugendliche weder über die zu seinem Unterhalt erforderlichen Mittel, noch darüber, daß er dieselben auf ehrlichem Wege zu erwerben bestrebt ist, Nachweis erbringen kann.

§ 75. Anstatt des in den §§ 64 uud 66 des Gesetzes betreffend die Übertretungen[9]), sowie in Ziffer 3 des § 56 der Strafprozeßordnung erwähnten sechzehnten Lebensjahres ist das achtzehnte Lebensjahr zu verstehen.

§ 76. Der Justizminister wird ermächtigt, die Bestimmungen, die in diesem Gesetze betreffend das Verfahren in Strafsachen Jugendlicher festgestellt sind, auf Verordnungswege zu ergänzen und die Übergangsmaßregel auf Verordnungswege festzustellen.

Hinsichtlich der Verwaltungsbehörden verfügen der Justizminister und der Minister des Innern in gegenseitigem Einvernehmen.

Den Zeitpunkt des Inkrafttretens dieses Gesetzes bestimmt der Justizminister mittels Verordnung.

Dieses Gesetz vollzieht der Justizminister und der Minister des Innern.

Anmerkungen.

[1]) Die §§ 15—18 des Gesetzartikels XXXIV vom Jahre 1897 lauten wie folgt:

§ 15. Vor dem Geschwornengerichte ist die Hauptverhandlung abzuhalten:

I. Wegen der im Gesetzartikel V vom Jahre 1878 bestimmten Verbrechen, wenn der Gegenstand der Anklage ist:

1. Hochverrat in den Fällen der §§ 126 und 127, ferner im Falle des Absatzes 2 § 130 und Absatz 1 § 134, schliefslich im zweiten Falle des Absatzes 1 und im zweiten Falle des Absatzes 2 § 131.

2. Tätlichkeit gegen den König in dem im § 139 umschriebenen Falle.

3. Staatsverrat im Falle des § 142, ferner in den nach Absatz 1 § 143 und nach den Punkten 1, 3, 4, 5 und 6 des § 144 zu bestrafenden Fällen, wie auch im Falle nach Punkt 8 § 144; insofern er sich auf die soeben erwähnten Punkte 1, 3, 4, 5 und 6 bezieht, schliefslich im zweiten Falle des § 148 und im Falle des § 149

4. Aufstand in den in den §§ 152—155 bestimmten Fällen, insofern das Gesetz eine fünf Jahre übersteigende Freiheitsstrafe feststellt, ferner in dem auf dieses Verbrechen bezüglichen Falle des Absatzes 1 § 158.

5. Verbrechen gegen die persönliche Freiheit in dem nach Absatz 3 des § 195 zu bestrafenden zweiten Falle.

6. Mord in dem im § 278 enthaltenen Falle.

7. Vorsätzliche Tötung in den nach §§ 279 und 280, ferner nach dem Absatze 1 und 3 des § 281 zu bestrafenden Fällen, schliefslich im zweiten Falle des Absatzes 2 § 283 und im ersten Falle des § 299.

8. Aussetzung oder Verlassen im zweiten Falle des Absatzes 3 § 287.

9. Todbringende schwere Körperverletzung in den nach § 306 und nach Absatz 2 § 309 zu bestrafenden Fällen.

10. Verbrechen wider den öffentlichen Gesundheitsstand in den im § 315 enthaltenen Fällen.

11. Kindesraub in den Fällen der §§ 318 und 319, ferner Entführung im Falle des Absatzes 2 § 320.

12. Verletzung der persönlichen Freiheit in den nach den §§ 324 und 325 zu bestrafenden Fällen.

13. Raub in den Fällen der §§ 344, 345 und 349.

14. Brandstiftung in den Fällen der §§ 422, 423 und 424.

15, Herbeiführung einer Überschwemmung in den nach § 431 zu bestrafenden Fällen.

16. Gemeingefährliche Beschädigung in den Fällen des § 435 und gemeingefährliche Handlung, wenn sie nach § 436 mit fünf Jahre übersteigendem oder lebenslänglichem Zuchthause zu bestrafen ist, ferner in den im § 444 bestimmten Fällen.

17. Bestechung in den Fällen des § 469;

18. schliefslich öffentliche Aufforderung in jenen Fällen des Absatzes 1, § 171, in welchen die Aufforderung auf die Verübung eines nach den obigen Punkten vor das Geschwornengericht gewiesenen Verbrechens gerichtet ist.

II. In den Fällen der im Wege der Presse (§ 63 Gesetzartikel V vom Jahre 1878) begangenen Verbrechen oder Vergehen, sowie der im Gesetze festgesetzten und im Wege der Presse begangenen Übertretungen, mit Ausnahme der im § 16 und im Punkt 2 des § 17 aufgenommenen Falle.

In den Fällen der unter I. in den Punkten 1, 2, 3 und 4 enthaltenen Verbrechen, sowie der im Punkt II. aufgezählten Verbrechen und Vergehen verfahren die auf dem Sitze der kgl. Gerichtstafeln wirkenden Geschwornengerichte, deren ausnahmsweiser, beziehungsweise prefsgerichtlicher Gebietskreis auf den Bezirk der im Orte befindlichen kgl. Gerichtstafel sich erstreckt.

§ 16. Die im Wege der Presse begangene und gemäfs der §§ 259 und 261 des Gesetzartikels V vom Jahre 1878 zu bestrafende Verleumdung und Ehrenbeleidigung gehört in den Wirkungskreis des kgl. Gerichtshofes.

Wenn jedoch die Verleumdung oder Ehrenbeleidigung gegen die in den §§ 262 und 461 bestimmten Personen oder gegen den Direktor und Beamten einer zur öffentlichen Rechnungslegung verpflichteten Unternehmung oder gegen einen in öffentlicher Vollmacht vorgehenden, und zwar bezüglich der amtlichen Handlungen des letzteren begangen worden ist, urteilt das Geschwornengericht.

In jenen Fällen, in welchen § 264 des Gesetzartikels V vom Jahre 1878 den Wahrheitsbeweis ausschliefst, gehört die im Wege der Presse begangene Verleumdung oder Ehrenbeleidigung immer in den Wirkungskreis des kgl. Gerichtshofes.

§ 17. Zum Wirkungskreise der kgl. Gerichtshöfe gehören:

1. jene Verbrechen, welche nach § 15 nicht dem Wirkungskreise der Geschwornen zugewiesen sind;

2. die durch die neuerliche Veröffentlichung oder den Verschleifs eines, durch ein die Strafbarkeit feststellendes Urteil des Geschwornengerichtes schon betroffenen Geistesproduktes (§ 27 des Gesetzartikels XVIII vom Jahre 1848) begangenen Verbrechen, Vergehen und Übertretungen;

3. jene Fälle der in den §§ 258, 260, 261 und 262 des Gesetzartikels V vom Jahre 1878 bestimmten Vergehen, in welchen das Verfahren im Sinne der §§ 269 bis 272 des Strafgesetzbuches von Amts wegen einzuleiten ist;

4. jene Vergehen, welche gemäfs § 18 nicht in den Wirkungskreis der kgl. Bezirksgerichte gewiesen sind.

Die in den Abschnitten I, II, III, IV und XI des zweiten Teiles des Gesetzartikels V vom Jahre 1878 umschriebenen Verbrechen und Vergehen gehören, sofern sie im Sinne dieses Paragraphen den kgl. Gerichtshöfen zugewiesen sind, in den ausnahmsweisen Wirkungskreis der an dem Sitze der kgl. Gerichtstafeln befindlichen Gerichtshöfe, in Budapest des Budapester kgl. Strafgerichtshofes.

Der im § 4 des Gesetzartikels XXVI vom Jahre 1887 beziehungsweise im § 1 des Gesetzartikels XLIV vom Jahre 1895 festgestellte ausschliefsliche Wirkungskreis des Budapester kgl. Strafgerichtshofes bleibt unberührt.

§ 18. Zum Wirkungskreise der kgl. Bezirksgerichte gehören:

I. von den im Gesetzartikel V vom Jahre 1878 bestimmten Vergehen;

1. die nach den §§ 174, 177, 190, 191, 196, 197, 209, 241, 246, 293, 294, 295, 296, 314, 327, 328, 332, 339, 360, 365, 366, 367, 368, 384, 408, 409, 410, 411, 421, 440, 441, 443, 446 und 480 zu bestrafenden Vergehen;

2. die nach Absatz 1 § 192, Absatz 1 § 316, Absatz 1 § 323 und Absatz 2 § 448 zu bestrafenden Vergehen;

3. das Vergehen nach § 214 und jene Fälle des nach § 222 zu bestrafenden Vergehens, auf welche im Gesetze als Hauptstrafe Gefängnis im Ausmafse von nicht über sechs Monate festgestellt ist, ferner das mit § 214 in Verbindung stehende Vergehen des § 228;

4. die nach Absatz 1 § 302, ferner nach den §§ 358, 359, 383, 386 und 387 zu bestrafenden Vergehen;

5. das nach § 248 zu bestrafende Vergehen, sofern es nicht zum Geschwornengerichte gehört, und das Vergehen nach § 249;

6. jene Fälle der §§ 258, 260, 261, 262 und 273, welche nach Punkt 3 des § 17 nicht in den Wirkungskreis der kgl. Gerichtshöfe gewiesen sind;

7. das nach Absatz 2 des § 370 zu bestrafende Vergehen, sofern dasselbe mit dem Vergehen des Diebstahles, der Veruntreuung oder der unrechtmäfsigen Aneignung verbunden ist;

8. jene Fälle der in den §§ 374 und 375 bestimmten Vergehen, in welchen die Vorschubleistung sich auf ein in den Wirkungskreis des kgl. Bezirksgerichtes gewiesenes Vergehen bezieht;

9. das im § 418 bestimmte Vergehen, sofern, ohne Rücksicht auf die zu bemessende Geldstrafe, der Fall der Anwendung einer ein Jahr übersteigenden Gefängnisstrafe nicht vorliegt;

10. das unter § 425 fallende Vergehen, sofern dessen im Gesetze festgestellte Hauptstrafe Gefängnis in der Dauer von einem Jahre nicht übersteigt;

II. die in den §§ 30, 35, 38, 40, 41 und 44 des Gesetzartikels XVIII vom Jahre 1848 umschriebenen Vergehen und Übertretungen;

die nach §§ 440 und 441 des Gesetzartikels V vom Jahre 1878 zu bestrafenden Vergehen des § 12 Gesetzartikel XXXI vom Jahre 1888;

III. jene Vergehen, welche andere Gesetze in den Wirkungskreis der kgl. Bezirksgerichte weisen;

IV. jene Übertretungen, welche nach § 19 nicht vor die Verwaltungsbehörden gewiesen sind.

Im Falle des Punktes 9 I übersendet, sofern es sich zeigt, dafs eine ein Jahr übersteigende Gefängnisstrafe zu bemessen ist, das kgl. Bezirksgericht die Akten behufs weiteren Verfahrens an den kompetenten kgl. Gerichtshof. Wegen dieser Übersendung ist ein Rechtsmittel nicht zulässig und ist der kgl. Gerichtshof, ohne in der Bemessung der Strafe beschränkt zu sein, verpflichtet, in der Angelegenheit vorzugehen. Diese Verfügung berührt nicht die Vorschrift des Absatzes 3 § 527 der Strafprozefsordnung.

Die im § 3 enthaltene Bestimmung erstreckt sich auch auf das wegen der in diesem Paragraphen in den Wirkungskreis der kgl. Bezirksgerichte gewiesenen Vergehen und Übertretungen einzuleitende strafrechtliche Verfahren.

[2]) Die §§ 62, 63, 66–68, 70 des Strafgesetzbuches betreffend die Übertretungen lauten wie folgt:

§ 62. Wer keinen bestimmten Wohnort besitzt, oder denselben verläfst und ohne Beschäftigung oder Arbeit herumstreicht, ist, falls er innerhalb der durch die Behörde festgesetzten Frist weder die zu seiner Erhaltung nötigen Mittel noch den Umstand nachzuweisen vermag, dafs er bemüht ist, diese Mittel auf ehrliche Art zu erwerben, als Landstreicher mit Arrest bis zu acht Tagen zu bestrafen.

§ 63. Wer wegen Landstreicherei bestraft worden ist und innerhalb zweier Jahre nach Verbüfsung seiner Strafe abermals als Landstreicher betreten wird, ist mit Arrest bis zu einem Monate zu bestrafen.

§ 66. Wer ohne behördliche Bewilligung an öffentlichen Orten oder von Haus zu Haus bettelt oder wer Kinder unter sechzehn Jahren zum Betteln aneifert, oder betteln schickt, oder zu diesem Zwecke andern überläfst, ist mit Arrest bis zu acht Tagen zu bestrafen.

§ 67. Mit Arrest bis zu einem Monate ist zu bestrafen, wer wegen Bettelns bereits bestraft worden ist und innerhalb zweier Jahre seit der Abbüfsung der letzten Strafe beim Betteln an öffentlichen Orten oder von Haus zu Haus ohne behördliche Bewilligung betreten wird.

§ 68. Mit Arrest bis zu zwei Monaten sind jene mit oder ohne behördliche Bewilligung Bettelnde zu bestrafen:

1. die das vierzehnte Lebensjahr zurückgelegt haben, wenn sie in gröfserer Anzahl als zu Dreien an einem und demselben Orte gemeinschaftlich; oder
2. die aufserhalb der durch die Behörde festgesetzten Zeit betteln;
3. die während des Bettelns im Besitze einer Waffe betreten werden;
4. die eine nicht offenstehende Wohnung ohne vorherige Erlaubnis betreten;
5. die ein Elend, Unglück, den Mangel oder die Mangelhaftigkeit eines Gliedes an ihrem Körper, Mangel des Seh-, Gehör- oder Sprechvermögens oder eine Geistesstörung simulieren.

§ 70. Wer aus dem Gebiet des ungarischen Staates, oder aus einem Teile desselben, oder aus dem Gebiete einer Gegend, einer Stadt oder Gemeinde durch die Behörde rechtskräftig gewiesen worden ist und während der Dauer des Verbotes dahin, von wo er ausgewiesen wurde, ohne Bewilligung der Behörde zurückkehrt, ist mit Arrest bis zu einem Monate zu bestrafen.

[3]) Der § 64 des StGB. betreffend die Übertretungen lautet wie folgt:

§ 64. Eltern, Vormünder, Kuratoren oder Aufseher, welche ihren das sechzehnte Lebensjahr noch nicht überschrittenen Kindern, Mündeln, Pflegebefohlenen oder den unter ihrer Aufsicht stehenden Individuen das Herumstreichen gestatten, oder die zur Verhinderung des Herumstreichens dienenden Regeln der Hausdisziplin vernachlässigen, werden im Falle der Rückfälligkeit, wenn seit der Abbüfsung ihrer letzten Strafe zwei Jahre noch nicht verflossen sind, mit einer Geldbufse bis zu zweihundert Gulden zu bestrafen.

§ 66. Siehe Anmerkung 2.

[4]) Die §§ 15 und 17 des Gesetzartikels XXXIV vom Jahre 1897 siehe Anmerkung 1.

[5]) Der § 20 des Gesetzartikels XXXIV vom Jahre 1897 lautet wie folgt:

§ 20. Wer eine vor dem Strafgerichte mit Ausschlufs der Öffentlichkeit durchgeführte Verhandlung oder Hauptverhandlung ohne Erlaubnis der Behörde in welcher Weise immer im ganzen oder zum Teil veröffentlicht, ist, sofern nicht eine schwerer zu ahndende Handlung vorliegt, — mit Gefängnis bis zu drei Monaten und mit einer Geldstrafe bis zu tausend Kronen zu bestrafen.

[6]) und [7]) § 96 des Gesetzartikels LIV vom Jahre 1912 lautet wie folgt:

§ 96. Insofern nicht eine schwerere strafbare Handlung vorliegt, macht sich auch derjenige eines Vergehens schuldig und ist mit Gefängnisstrafe bis zu drei Monaten und einer Geldstrafe bis zu 1000 Kronen zu bestrafen, der ohne Erlaubnis der Behörde:

1. eine vor dem Zivil- oder Disziplinargericht mit Ausschlufs der Öffentlichkeit geführte Verhandlung in welcher Weise immer ganz oder teilweise veröffentlicht;

2. in Straf- oder Disziplinarsachen, ferner in Eheprozessen vor dem Zivilgerichte, in betreff der Anfechtung der Ehelichkeit eines Kindes, der Verlängerung der Minderjährigkeit, Pflegschaftsverhängung, Aufhebung der Ausübung der väterlichen Gewalt, der Aufnahme in eine Irrenanstalt oder in die Geisteskrankenabteilung eines Spitals . . . . . . eine Eingabe oder behördliche Aktenstücke, die von der Behörde nicht veröffentlicht wurden, im ganzen oder teilweise veröffentlicht.

Welche Behörde zur Erteilung der Erlaubnis berufen ist, wird der Justizminister im Verordnungswege feststellen.

Dieser Paragraph ist auf die Veröffentlichung der Entscheidungen in juristischen Fachblättern, in juristischen oder andern wissenschaftlichen Sammlungen oder in andern Druckwerken mit ähnlichem Zwecke nicht anwendbar, vorausgesetzt, dafs in der Veröffentlichung der Name der Parteien selbst durch Anfangsbuchstaben nicht erkennbar gemacht worden ist.

[8]) Siehe Anmerkung 2.

[9]) Siehe Anmerkung 3 und 2.

Druck von Leonhard Simion Nf. in Berlin SW.

75713

Fortsetzung auf der 4. Umschlagseite.

No. 28. Vorentwurf zu einem **Schweizerischen Strafgesetzbuch.** (April 1908.) 1 M. 50 Pf.

No. 29. Vorentwurf zu einem **Oesterreichischen Strafgesetzbuch.** (September 1909.) 2 M.

No. 30. **Das Ungarische Strafgesetzbuch über Verbrechen und Vergehen** (V. Gesetzartikel vom Jahre 1878) mit allen Abänderungen und Ergänzungen einschließlich der Ungarischen Strafgesetznovelle (XXXVI. Gesetzartikel vom Jahre 1908) und den bis 1909 ergangenen strafrechtlichen Nebengesetzen. 2 M. 50 Pf.

No. 31. **Japanisches Militär-Strafgesetzbuch** vom 9. April 1908. Gesetzblatt No. 46. — **Japanische Militär-Strafgerichtsordnung** vom 19. Oktober 1898, Gesetzblatt No. 2. Übersetzt von Rennosuke Fujisawa, Berlin-Schöneberg. 1 M. 20 Pf.

No. 32. **Vorentwurf zu einem Strafgesetzbuch für das Königreich Serbien.** Nach der amtlichen Ausgabe des Justizministeriums übersetzt und herausgegeben von Zivko Topalovits aus Belgrad und Hans Landsberg aus Berlin. 2 M.

No. 33. **Das Alkoholgesetz in Chile** vom 18. Januar 1902. Übersetzt von Alfredo Hartwig. 1 M.

No. 34. **Das türkische Strafgesetzbuch** vom 9. August 1858 mit Novelle vom 4. April 1911 und den wichtigsten türkischen Strafnebengesetzen. Deutsche Übersetzung nebst Einleitung und Anmerkungen von Dr. jur. Erich Nord. 3 M. 50 Pf.

No. 35. **Englisches Spionage-Gesetz** vom Jahre 1911. 80 Pf.

No. 36. **Das Gerichtsverfassungsgesetz und die Strafprozeßordnung von Japan.** Übersetzt und mit Anmerkungen versehen von Staatsanwalt Dr. Mannosuke Yamaoka und k. k. Hauptmannauditor Dr. Otto Kerry. 3 M.

No. 37. a) **Das belgische Kinderschutzgesetz** vom 15. Mai 1912. Übersetzt von Staatsanwalt Dr. Rosenfeld. b) **Französisches Gesetz betr. Jugendgerichte und Schutzaufsicht** vom 22. Juli 1912. Übersetzt von Staatsanwalt Dr. Rosenfeld. c) **Entwurf eines Deutschen Gesetzes über das Verfahren gegen Jugendliche.** 80 Pf.

No. 38. **Das polizeiliche Strafverfahren in Ungarn.** Übersetzt von Dr. Gabriel von Szöllösy, Oberleutnantauditor im k. u. k. Kriegsministerium in Wien. 3 M.

No. 39. **Regierungs-Entwurf eines Österreichischen Strafgesetzbuches und einer Abänderung der Strafprozeßordnung (1912).** 4 M. 50 Pf.

No. 40. **Das Russische Militär-Strafrecht.** Übersetzt und bearbeitet von Rechtsanwalt Klibanski in Berlin. 3 M. 50 Pf.

No. 41. **Ungarisches Jugendgerichtsgesetz vom Jahre 1913.** Mit einem Vorwort von Privatdozent Dr. R, Vambéry, Kgl. ung. Staatsanwalt in Budapest.

In Vorbereitung:

No. 42. **Italienische Strafprozeß-Ordnung** vom 27. Februar 1913, übersetzt von Gerichtsassessor Dr. G. Erich.

Druck von Leonhard Simion Nf. in Berlin SW. 48.

75913

Kolibri 360 GmbH
Ferdinand-Jühlke-Straße 7
99095 Erfurt, Deutschland
produktsicherheit@kolibri360.de